माइंड-वॉश

माइंड-वॉश

जे. एम. प्रदीप

रुद्रांश प्रकाशन

गुड़गाँव - 122 001

माइंड-वॉश

©	:	जे. एम. प्रदीप
प्रथम संस्करण	:	2022
ISBN	:	978-81-920438-0-7
मूल्य	:	₹ 350.00
प्रकाशक	:	**रुद्रांश प्रकाशन** 452, भीम नगर, गुड़गाँव – 122 001 (हरियाणा)
आवरण	:	दीपव्यू, दिल्ली
लेज़र टाईपसैटिंग	:	श्री ओम कम्प्यूटर्स, दिल्ली
मुद्रक	:	बालाजी ऑफसेट, दिल्ली-32

Mind-Wash
by J. M. Pradeep **₹ 350.00**

मेरी भोली-भाली प्यारी-सी

माँ को समर्पित

मस्तिष्क एक महान मशीन

क्षमता : खिलौने से लेकर भगवान तक बनाने की।

आकार : (निराकार) संसार की सभी कृत्रिम चीजें इसी के अन्दर से निकली हैं। शुरू में इन्सान जानवर था, इसमें घुसता गया और पाता गया। हर रोज नई-नई असाधारण चीजें खोजी जाती हैं। ऐसा नहीं है कि अब बहुत हो चुका आगे कुछ नहीं होगा। हर रोज हद होती और कुछ समय बाद वह साधारण बन जाती है। फिर हद होती है। यह सिलसिला लाखों-हजारों वर्षों से चलता आ रहा है और शायद जब तक सृष्टि चलेगी, चलता रहेगा। या यूं कहें इन्सान हजारों-लाखों वर्षों से इसके अन्दर घुसता जा रहा है और घुसता रहेगा। इस विशाल मस्तिष्क का अन्त नहीं होने वाला।

उपलब्धता : 100 में 99 के पास स्वस्थ रूप से।

इसका पूर्ण उपयोग तो इस मानव जीवन की अवधि में करना असंभव है।

सही उपयोग : मानव को Step to Step (चलना पड़ता) इसका प्रयोग करना पड़ता है यानी हमें जो चीज हमारी पिछली पीढ़ी से मिली है। उसे इस मस्तिष्क रूपी मशीन में डालकर संसार के लिए और उपयोगी और कल्याणकारी बनाकर आगे बढ़ाना होता है।

जैसे शिक्षाविद मिले ज्ञान को और शुद्ध व पैना करके आगे बढ़ाते हैं।

वैज्ञानिक मिली तकनीक को और सुविधाजनक और विकसित कर आगे बढ़ाते हैं।

चिकित्सक शरीर को स्वस्थ व पीड़ा खत्म करने की तकनीक को और बेहतर और कल्याणकारी कर आगे बढ़ाते हैं।

चाहे आप संसार में कोई Role कर रहे हो जिसने दुनिया को और सुरक्षित और बुद्धिमान और चमकीला और सुविधाजनक बनाया है ऐसे इन्सानों का अगर प्रतिशत

का आँकड़ा निकालें तो सौ व हजार में कल्पना करना बेमानी होगी, ये आँकड़ा आपको लाखों में मिलेगा यानि लाख में लगभग चार-पाँच प्रतिशत ने इसका सही उपयोग किया अब ये विशाल समूह जो बचा इसमें से लगभग आधे ने तो इसका प्रयोग ही नहीं किया यानी इसका कवर ही नहीं हटाया, पशु के समान अपने परिवार तक इस्तेमाल किया क्योंकि परिवार तो लगभग जानवर भी पाल लेते हैं।

बची आधी अबादी ने किया

दुरुपयोग : कोई इससे सिर्फधन इकट्ठा करवा रहा है।

–कोई इससे माँ-बहनों के आँचल खिंचवा रहा है।

–किसी ने इसे हत्याएँ, डाके, चोरियों के काम पर लगा रखा है, तो कोई इस हरी-भरी प्रकृति को बदरंग करने पर लगा है।

–तो किसी ने इसे मासूम जीव-जन्तुओं की हत्याएँ करने पर लगा रखा है।

उफ्! इतनी विशाल महान मशीन से ये कार्य आखिर क्यों? आइये आज के समय व आदिमानव (जब इन्सान जानवर था) के समय को देखें तो इन्सान जीव-जन्तु, प्रकृति की बेहतरी को देखे तो निश्चित रूप से आज ब्रह्माण्ड ज्यादा असुरक्षित हुआ है। यानी भगवान इन्सान से ये मस्तिष्क छीन ले तो ब्रह्मांड ज्यादा सुरक्षित पृथ्वी ज्यादा हरी-भरी व प्रदूषण रहित होगी।

तो क्या मानव अपने अतीत यानी जानवर की ही नहीं उससे भी हजारों गुणा आगे खतरनाक बन कर बढ़ रहा है। क्योंकि कोई जानवर बम बनाकर हजारों को नहीं उड़ा सकता।

अगर ये यूं ही बढ़ता रहा तो भगवान को प्रलय की जरूरत ही नहीं और दूसरे जीवों को ये ऐसा करने नहीं देगा। तो प्रलय का जन्मदाता कोई और नहीं स्वयं मानव बनेगा मानव, तो आइये हम लुप्त होती इन्सानी प्रजाति को बचाने के तरीके खोजें।

माँ हम पिताजी को जला क्यों रहे हैं–छोटे से बच्चे मानव ने कहा। मैं सिसक पड़ी।

मौत के बाद इस शरीर को जलाना ही पड़ता है बेटे–पास खड़े एक सज्जन ने कहा।

मौत, मौत क्या होती है–बच्चे मानव ने फिर पूछा?

जब शरीर कोई हरकत करना बन्द कर दे, जहाँ पड़ा है वहीं पड़ा रहे–सज्जन ने कहा।

लेकिन ऐसा तो पहले भी होता था पिताजी, जहाँ पड़े है पड़े ही रहते थे–मानव फिर बोला।

लेकिन पहले तो साँसें चलती थीं बेटे–सज्जन ने फिर कहा।

पर उन साँसों का चलने का क्या फायदा जब पड़ा ही रहना है तो–मानव ने कहा।

लेकिन बेटे ऐसा नहीं करते तो यह शरीर गल सड़ जाता, इसमें से बदबू आने लगती–सज्जन फिर बोला।

लेकिन बदबू तो पहले भी आती थी–सुबकते हुए बच्चे मानव ने फिर कहा। बच्चे ने जैसे सज्जन सहित सभी के मुख पर ताला लगा दिया था। आखिर सज्जन ने हार मान ली। आखिर जीवन व मृत्यु की परिभाषा कैसे समझाई जाए, इस जलाने को कैसे जायज ठहराया जाए।

मैंने अपने बच्चे मानव को उठा कर गोद में डाल लिया लेकिन उसके सवाल थमने का नाम नहीं ले रहे थे।

बच्चे ने फिर कंधे से फिर सिर उठाया; माँ तुम मुझे दूध क्यों पिलाती हो शराब क्यों नहीं पिलाती।

मैं चौंक पड़ी, नहीं बेटे, मैंने मानव का सिर दबा लिया। पर पिताजी तो यही बताकर गये हैं; क्या हम शराब पीने आते हैं दुनिया में। दबे सिर से रोते हुए मानव ने कहा।

चिता धधक् उठी और मैं मानव को सीने में दबा कर वापस चल पड़ी थी।

आखिर मेरे बेटे मानव व चिता की लपटों ने मुझे अनगिनत सवाल दे दिये थे।

मेरे सीने में भी सवालों की चिता-सी धधकने लगी थी, मैं सोचने लगी, आखिर इस चिता ने धधकने में इतना वक्त क्यों लगाया। उसी दिन क्यों नहीं धधकी जिस दिन शराब ने उसके अन्दर दस्तक दी थी।

बदबू तो पहले भी आती थी। ठीक ही तो कहता है मानव। बदबू तो आखिर उसी दिन से शुरू हो गयी थी। पहले शराब की अब गले शरीर की। इसमें क्या अन्तर अब तो बस बदबू की गन्ध बदलती पर बदबू तो बदबू ही होती है ना। बदबूदार चीजें तो जितनी जल्दी हो सके नष्ट हो जायें नहीं तो वह सारा वातावरण गन्दा कर डालती हैं।

आखिर सवालों में उलझी मैं मानव को चिपकाए कब अपने द्वार तक पहुँच गई पता ही नहीं चला।

गाँव-समाज औपचारिकताएँ निभा-निभा कर जा रहा था, सब शराब को कोस रहे थे।

मेरी नजर भी उसकी चारपाई के नीचे रखी बोतल पर पड़ी जो अभी भी आधी बची हुई थी, मैं सोचने लगी कि आखिर शराब ने इन्सान को हरा दिया, हरा ही नहीं नष्ट कर दिया।

सुना था इस पृथ्वीलोक पर इन्सान से ताकतवर कुछ भी नहीं, पर यहाँ तो शराब ने ही उसे हरा दिया।

नहीं शराब ने उसे नहीं मारा। अगले ही क्षण मैंने सोचा–शराब इन्सान को नहीं हरा सकती। वो इन्सान ही नहीं था सिर्फ इन्सान का मुखौटा पहने हुए था।

तो फिर जानवर, नहीं जानवर भी तो अपने बच्चे पालते हैं। मैं विचारों में खोई हुई थी कि इस बीच कुछ औरतों ने मुझे औपचारिकताएँ निभाने के लिए खदेड़ा, न चाहते हुए भी मैं ऐसा कर रही थी क्योंकि अब मुझे औपचारिकताओं पर नहीं यथार्थ पर जीना था।

हमारे घर से रोने का शोर बाहर निकल रहा था यह कोई नया नहीं था लेकिन आज अलग जरूर था, क्योंकि इसमें पहले यह शोर मेरे और मानव का हुआ करता था, आज औपचारिकताओं के माध्यम से हमारे पड़ोसियों का था।

माँ ये सब लोग रो क्यों रहे हैं—मानव ने मेरा हाथ हिलाते हुए पूछा?

ये इसलिए रो रहे हैं बेटे ताकि दुःखी अपने आप को अकेला ना समझे। उनके अकेलेपन के अहसास को कम करने के लिए यह क्रिया की जाती है।

पर यहाँ दुःखी कौन है, क्या तुम दुःखी हो माँ—मानव ने नन्हीं-सी आँखें मेरी तरफ घुमाते हुए पूछा और मैंने उसका नन्हा-सा मुँह फिर अपनी गोद में छुपा लिया?

मैं फिर सोचने लगी कि सच तो कहता है मानव, आज यहाँ पर दुःखी कौन है? यह रोने की क्रिया तो अक्सर दुःख में होती है। जब हम दुःखी थे तो शराब के कारण; कोई चिड़िया भी पैर नहीं मारती थी इस घर में।

आज भगवान ने हमारा दुःख का कारण जला दिया तो यह क्रिया नहीं होनी चाहिए।

ये मेरे शुभचिंतक हैं या दुश्मन मुझे नहीं सोचना था। मैं क्यों रोऊँ अब तक जिन्दगी में रोई ही तो थी, फिर आज तो मेरे लिए खुशी का दिन था। आज भगवान ने एक राक्षस का अन्त कर मुझे व मेरे बेटे को आजाद कराया था लेकिन मैं गुलाम क्यों रही और न रोने का काम मैंने आज बन्द क्यों किया? माँ सोचने लगी।

अगर पहले बन्द कर देती तो शायद नीलामी में हमारा घर खरीदने वाला यूँ टकटकी लगाएँ मुझे व मेरे घर को ना ताक रहा होता। चिता की अग्नि अब तक ठण्डी पड़ गई होगी पर मेरे सीने में लपटें और तेज हो गई थीं।

आखिर क्या देकर गया, इस संसार को पशु जितना भी फर्ज नहीं निभा कर गया। कुछ नहीं तो 5 पेड़ ही लगा जाता। यह इन्सान होने का प्रमाण देने का दुनिया का सबसे सरल साधन है।

आखिर क्यों आया था इस दुनिया में। इस समय भगवान उससे पूछ रहे होंगे कि आखिर क्या देकर आया दुनिया को, तो उसके पास क्या जवाब होगा।

मैं कल्पनाओं में खोई हुई थी कि अचानक मुझे लगा कि जो पीछे हो चुका उस गन्दी क्रिया से अब वर्तमान को क्यों दूषित करना।

मैंने सारी औपचारिकताएँ और अतीत एक तरफ फैंक दिया और अपने भविष्य यानी मानव की तरफ देखने लगी।

और मानव के प्रश्नों से मेरे कान फिर फड़फड़ा उठे कि हम किसलिए आते हैं दुनिया में क्या हम शराब पीने आते हैं। अगर नहीं तो फिर सि लिए फड़फड़ाते कानों को मैंने अपने दोनों हाथों से कस क दबा लिया और जैसे सवालों को निकलने का रास्ता न मिलने पर उनका रुख उपन कि ओर होकर मेरे मस्तिष्क में जा घुसे और मुझे ऐसे लगने लगा जैसे कोई मेरे मस्तिष्क में हाथ घुसेड़कर अन्दर पड़ी परतों को एक-एक कर उखाड़ रहा है। मेरे सिर में थरथराहट सी होने लगी और मेरे दोनों हाथों ने उपर खिस कर मेरे सिर को दबोच लिया और काफी देर बाद मेरी साँसें सामान्य हुई।

आखिर मैं इस बच्चे की शंका का समाधान करना चाहती थी जो जरूरी भी था कि इन्सान किसलिए आता है इस दुनिया में?

एक बार फिर मैं कल्पना सागर में खो गई कि कुछ समय बाद मेरी भी यही गति होनी थी और मेरी ही क्या यह तो संसार के हर जीव की होनी है।

फिर भगवान के प्रश्न का मेरे पास क्या उत्तर होगा कि क्या देकर आई दुनिया को, फिर मैं भी निरुत्तर हो जाऊँगी।

क्या मैं निरुत्तर हो जाऊँगी। मैंने अपने आप से प्रश्न किया और अगले कुछ क्षणों के लिए मैंने अपनी बुद्धि को दाये-बाये घुमाया और यह निश्चय सच था।

आखिर मैंने भी तो आज तक कोई इन्सानी कर्म नहीं किया था। लोग छोटी-सी उम्र में इस संसार को क्या-क्या दे जाते हैं फिर मैं भी उन जैसी इन्सान ही हूँ।

नहीं मैं पशु के समान नहीं बन कर रहना चाहती। मैं भगवान की आशाओं पर खरा उतरना चाहती थी और अगले क्षण भविष्य को लेकर कल्पनाओं में खो गई; आखिर मेरे पास ऐसा क्या है, जो इस संसार को देकर जाऊँ ताकि मैं भगवान से आँखें मिला सकूँ।

मैं, मेरे व मानव के इन्सान के रूप में जन्म को जायज ठहराना चाहती थी। मैं नहीं चाहती थी कि आज की तरह मुझे लेकर भी भगवान शर्मिंदगी महसूस करे।

आखिर चारों दिशाओं में घूम कर मेरी कल्पना मानव पर आकर टिक गई।

मैं अपनी कल्पनाओं के द्वारा पूरे संसार का भ्रमण करके आई थी, पर ईश्वर ने वह चीज मेरी गोद में ही डाल रखी थी। शायद भगवान ने मुझे याद दिलाया कि इससे श्रेष्ठ चीज संसार के कल्याण के लिए इस ब्रह्माण्ड में मेरे पास दूसरी नहीं थी लेकिन

मानव के रूप में मेरे पास अभी सिर्फ यह गारा था, पर यह कोई साधारण मिट्टी का गारा नहीं था जिससे सिर्फ मूर्ति ही बने और मूर्ति चाहे राम की हो या रावण की उससे क्या फर्क पड़ता है।

यह एक इन्सानी गारा था जिससे मूर्ति नहीं बल्कि जिन्दा राम बनाया जा सकता था और रावण भी।

ईश्वर ने शायद मुझे ये आखिरी मौका दिया था अपने आप को इन्सान साबित करने का और किसी भी सूरत में, मैं इस गारे को चाण्डाल की शक्ल नहीं देना चाहती थी।

मैं इस संसार को यह शिक्षा देना चाहती थी कि राम व कृष्ण कभी आकाश या पाताल से निकल कर नहीं आएँगे। इस संसार के कल्याण हेतु हमें बनाने पड़ेंगे और हमें बनना पड़ेगा।

इस संसार को समझना होगा कि शायद भगवान अवतार लेंगे और अन्यायरूपी गन्दगी को मिटाएँगे तो ऐसा कभी नहीं होने वाला।

जिस प्रकार बैठे रहने व हाथ न हिलाने से तो निवाला भी मुँह तक नहीं जाता तो फिर आकाश, पाताल से हम राम को कैसे लेकर आ सकते हैं।

नींद ने मानव को अपनी बाँहों में ले लिया था और मेरा आँगन कब खाली हो गया मुझे पता ही नहीं चला।

मैंने मानव को एक चारपाई पर डाला और हवा करने लगी।

मैं फिर उसकी भविष्य की कल्पनाओं में खो गई कि मुझे इसके भविष्य के लिए क्या करना चाहिए।

गाँव में ना कोई स्कूल था ना ऐसा समाज था जहाँ प्रतिस्पर्धा हो सकती थी, यहाँ तो इसकी प्रतिस्पर्धा इन मजदूरों के साथ होनी थी और मजदूरों से प्रतिस्पर्धा का मतलब था एक श्रेष्ठ मजदूर। नहीं मुझे मानव को लेकर भीड़ में जाना पड़ेगा। जब यह भीड़ को चीरकर आगे आएगा वही जीत होगी।

आखिर मैंने शहर जाने का निर्णय ले लिया।

सुबह हो गई थी। गाँव की ये मेरी आखिरी सुबह थी और घर का नया मालिक भी आ बैठा था। वह सही था या गलत, इस घर की सही कीमत उसने अदा की कि

नहीं, सब कुछ उसी के साथ खत्म हो गया था और फिर मुझे पता करना भी नहीं था। मैंने मानव को हिलाया और वह ऐसे खड़ा हो गया जैसे पहले जाग रहा था। क्या बेटे हम कहीं और चलें अब ये घर हमारा घर नहीं रह गया और मेरी नजर के साथ मानव की नन्हीं आँखें भी उस खरीदार की ओर घूम गईं। मानव की गर्दन फिर वापिस मेरी ओर मुड़ी—चलो माँ मुझे यहाँ नहीं रहना, पर माँ हम जाएँगे कहाँ?

कहीं तो भगवान हमें आसरा देगा ही और मैं एक पोटली में कुछ फटे-पुराने कपड़े व एक फटी चादर डाल घर को निहारने लगी और कुछ ऐसा उस चाण्डाल ने नहीं छोड़ा था।

* * *

दिन व रात भर दौड़ी ट्रेन ने आखिर मुझे व मानव को शहर में घुसा दिया।

गाड़ी स्टेशन पर रुक चुकी थी। मैंने मानव के हाथ को अपने हाथ में डाला और हम स्टेशन के बाहर आ गये।

हम सड़क पर थे। मैं चारों तरफ घूम रही थी और मानव मेरे हाथ को कस कर पकड़े हुए था।

यहाँ की हर चीज मेरे और मानव के लिये नई और अजीब थी।

मेरा दिल ऐसे धड़क रहा था जैसे सीने से बाहर निकलने ही वाला हो।

मानव की गर्दन एक सैकिंड के लिये भी एक जगह नहीं टिक रही थी। शायद उसे लग रहा था कि वह किसी जंगल से निकल कर किसी राजा की नगरी में आ गया था।

मैं सोचने लगी कि आखिर अपना अगला कदम किस ओर रखूँ, पर किससे पूछूँ?

हमारे साथ सिवाय भगवान के और कौन था, सो मैंने भगवान का स्मरण किया और मुझे अन्दर से आभास हुआ कि कदम बढ़ाओ चाहे किसी ओर, जब हिम्मत और हौसला हो तो सभी दिशाएँ बाँहें फैला देती हैं।

मैं और मेरा बेटा एक दिशा की ओर बढ़ गये।

मानव शायद इन ऊँची-ऊँची ईमारतों में अपना घर खोज रहा था। उसे इमारतें अपनी बाजू में दिख रही थीं पर इन तक पहुँचने के लिये कड़ी मेहनत व बहुत लम्बा सफर तय करना था।

आने वाली परेशानियों के बारे में मुझे पता था, पर चाहते हुए भी मेरे पास इनका समाधान नहीं था।

माँ हम कहाँ जा रहे हैं? मानव ने चुप्पी तोड़ी–

मैंने सोचा अभी कुछ नहीं कहा जा सकता बेटे कि हम कहाँ जा रहे हैं? इस रास्ते पर हमें क्या मिल जाये कहा नहीं जा सकता। शायद हम भी अपना घर खोज रहे हैं बेटे–मैंने कहा।

मैंने उसके पसीने से भीगे नन्हें से कोमल मुख पर हाथ फेरा और मुँह में कुछ पानी की बूँदें डालीं और फिर अपनी टाँगें चलाने लगे। आखिर इमारतों की जगह अब झुग्गियों ने ले ली थी। मेरे मन में थोड़ी-सी चिंगारी-सी जगी कि शायद यहाँ मैं अपना आश्रय खोजने में कामयाब हो जाऊँ।

मैंने रोड़ की जगह अब एक संकरी-सी राह पकड़ ली और संकरी गली के अंत में मुझे लगा कि शायद हमारे लम्बे और महान सफर की शुरुआत यहाँ से हो जायेगी।

मैं और मानव पास से एक छोटी प्लास्टिक ले आये ताकि इन पड़ोसियों जैसे घरों की शक्ल दी जाये।

मानव खुश था और वह जल्दी-जल्दी काम में मेरी सहायता कर रहा था।

खरररर शायद यह किसी गाड़ी के टायरों की आवाज थी, मेरी गर्दन घूमी और सफेद लम्बी सी गाड़ी हमारे पीछे खड़ी थी। दरवाजा खुला, गाड़ी से तीन लम्बे-तगड़े युवक जिनकी उम्र शायद 30 से 35 रही होगी।

अरे वाह महल बनाया जा रहा है–एक ने चश्मा साफ करते हुए कहा। प्लास्टिक का एक सिरा मेरे और दूसरा मानव के हाथ में था।

अरे वाह! उनमें से दूसरे ने ऊपर से नीचे तक मेरे ऊपर नजर दौड़ाई और मेरी धड़कन जम्प करने लगी।

छिः-छिः इतनी गन्दी बस्ती में और महलों की रानी–तीसरा अजनबी अपनी नाक छोटी करते हुए बोला और सभी ने ठहाका लगाया। मेरे अनुभव ने बता दिया था कि हमारा सामना गन्दे लोगों से हो गया है। मैंने प्लास्टिक छोड़ दिया या छूट गया पता ही नहीं चला। माफ कीजिए हमारा यहाँ कोई नहीं है। मेरे पास मेरा नन्हा सा बच्चा है। क्या ये आप लोगों की जमीन है–मैंने काँपती आवाज में पूछा?

नो नो नो हमारी और आपकी में कोई फर्क नहीं अगर आप मानो तो। उसने सिगरेट निकालते हुए कहा और हमारी तरफ बढ़े।

मेरी धड़कन फट पड़ी। वो जितने हमारी तरफ बढ़े हम भी पीछे खिसक लिये।

देखिये हमारी कोई गलती नहीं है। साहब हमें पता नहीं था–मैंने टूटती साँसों से कहा।

गलती कैसी गलती कहाँ हुई–एक ने माथा चढ़ाते हुए कहा।

हम तो आपको इस गन्दगी से निकाल कर महल में ले जाने के लिये आये थे और तुम हो कि गन्दगी में घुसी जा रही हो और वे तेजी से हमारी तरफ बढ़ने लगे।

मैंने मानव का हाथ पकड़ा और तेजी से कदम बढ़ाये लेकिन उन दरिन्दों ने हमें कुछ ही कदम पर दबोच लिया।

मैं दरिंदगी के आगे अब रोना नहीं चाहती थी। देखिए हमें किसी महल में नहीं जाना भगवान से डरें–मैंने उखड़ चुकी साँसों से कहा।

भगवान कह कर वे दरिन्दे ऐसे हँसे कि ईश्वर कोई एक चींटी का नाम हो।

अभी भी मैंने एक हाथ से मानव का हाथ पकड़ा हुआ था।

मेरी माँ को छोड़ दीजिए साहब–मानव ने मीठी-सी पतली-सी आवाज में मासूमियत घोलकर एक दरिन्दे की पतलून पकड़कर फरियाद की।

पर जिसकी आँखों में जो रंग ही ना हो वह उसे कैसे दिखाई देगा।

उस दरिन्दे ने मानव की गर्दन पकड़ कर ऊपर उठा लिया और मानव की चीख में लिपटा "माँ" शब्द बाहर आया।

मैंने मातृत्व की सारी शक्ति जोड़ कर दरिन्दे को इतना तेज तमाचा मारा कि दरिन्दे के पंजे से छूटकर मानव मेरी गोद में आ गिरा और मुझे शायद भगवान ने अपने पैर दे दिये थे क्योंकि भगवान को शायद मालूम था कि मेरी बाँहों में जो चीज है उसकी क्या कीमत है।

आखिर दरिन्दों को मैं चकमा देने में कामयाब हुई लेकिन मैं अब भी दौड़ रही थी ताकि हम पूरी तरह से सुरक्षित हो जायें और हम शहर के दूसरे कोने में पहुँच गये।

मैं सोचने लगी कि क्या मैंने शहर आने का गलत फैसला तो नहीं कर लिया? वैसे ये परिस्थितियाँ थोड़ी अलग जरूर थीं और मैं कठिनाइयों की आदी हो चुकी थी। मैं अपनी साँसों को सामान्य करने की कोशिश करने लगी क्योंकि मैं किसी भी कीमत पर अपना आत्मविश्वास टूटने नहीं देना चाहती थी।

सो मैंने अपने आप को संभाला और स्थिति को सामान्य करने में जल्दी ही कामयाब हो गई थी।

मानव की साँसें अब भी सामान्य से ज्यादा गति से चल रही थीं और हम फिर वैसी ही बस्ती में पहुँच गये थे।

मानव फिर अपनी गर्दन घुमाने लगा कि हमें कहीं फिर वैसी स्थिति का सामना न करना पड़ जाये। हम धीरे-धीरे बस्ती को चीरकर आगे निकल आये थे जहाँ मुझे एक पहाड़ी दिखाई दी। मैं इस आशा के साथ कि और नहीं तो कोई पहाड़ी की शिला हमें आसरा दे देगी। इस आशा के साथि हम पहाड़ी की ओर बढ़े।

माँ हम पहाड़ पर जा रहे हैं। मानव ने पूछा।

हाँ बेटे मैंने कहा।

पर माँ सुना है पहाड़ों पर डाकू रहते हैं।

मैं खड़ी हो गई और उसके बालों को सहलाते हुए बोली—बेटा वो पुराने जमाने की बात थी। अब तो डाकू शायद पहाड़ों से निकल कर इन महलों में चले गये हैं। अब डाकू इनमें रहने लगे हैं बेटे। मैंने उसे भरोसा दिया और हम पहाड़ की ओर बढ़ गये।

मेरे कदम एकाएक रुक गये। मैंने देखा कि सीमेन्ट और कंक्रीट के पाइपों के छोटे-छोटे टुकड़े बिखरे पड़े थे और कुछ लोग इन्हें घरों की तरह इस्तेमाल कर रहे थे।

ये विचित्र घर देखकर मेरी आँखें भी ऐसे विचित्र घरों को खोजने लगीं और जल्दी ही कामयाब भी हो गई।

उन लोगों के रहने के तरीके से लग रहा था जैसे वो कई दिनों से इन्हें घरों के तौर पर इस्तेमाल कर रहे थे। एक बार लगा कि आस-पास किसी से पता करूँ पर फिर सोचा जो होगा देखा जाएगा।

आखिर पहाड़ी की तलहटी में सीमेन्ट व कंक्रीटनुमा पाइप ने हमें सिर छुपाने की जगह दे दी थी।

ये हमें आश्रय दे रहा था इसलिए हमारे लिए यह मन्दिर के समान था सो मैंने मानव से कहा कि बेटे इसके द्वार को छूकर प्रणाम करो और हम अन्दर प्रवेश कर गये। मैंने धूल-मिट्टी को साफ किया। कमर पर बँधी पोटली खोल कर चद्दर को लम्बा कर दिया और एक लम्बी साँस ली। अकसर लम्बी साँस राहत की होती है।

मैंने मानव के बालों को सहलाया और हम लेट गए।

मैं इस पाइप को देखकर सोचने लगी कि क्या बनाने वाले ने बनाते वक्त सोचा होगा कि वह किसी के लिये घर बना रहा है। शायद उसने कल्पना भी नहीं की होगी।

मजबूरी में किसे गले लगाना पड़ जाए, किसका आश्रय लेना पड़ जाए जीवन में कुछ भी संभव है।

मैंने भगवान से प्रार्थना की कि हमारे आसियाने का ख्याल रखें। शाम के करीब 8 बज चुके थे और आज का खाना मेरी पोटली में था सो मैं चाहती थी कि सोने से पहले मानव कुछ खा ले। मैंने पोटली खोली और हम रूखा-सूखा जो था खाकर फिर लेट गए।

सोने की कोशिश कर बेटे—मैंने मानव के माथे पर हाथ फेरते हुए कहा।

हम पिछली चार रातों से न के बराबर सोये थे इसलिए मैं भी सोने का प्रयास करने लगी क्योंकि जानती थी कि मानसिक संतुलन बनाए रखने के लिये यह प्रक्रिया जरूरी थी इसलिए मैंने मस्तिष्क की ओर जाने वाली सारी सन्देश वाहिकाओं को अपना काम बन्द करने का निर्देश दिया और भगवान से प्रार्थना करने लगी कि हमें सुबह देखने को मिले।

* * *

आखिर हमारी पहली शहर की रात शानदार तो नहीं एक अच्छे ढंग से गुजर गई थी क्योंकि मच्छरों ने उसे शानदार होने से रोक दिया था। मैंने सुबह दिखाने के लिए ईश्वर को धन्यवाद दिया और मानव की ओर देखा जिसे अभी तक नींद ने अपनी बाँहों में ले रखा था।

मैंने पानी की बोतल उठाई और कुछ छींटे अपने चेहरे पर मारे। कुछ ही देर में मानव को भी नींद ने आजाद कर दिया था और मैंने पानी की बोतल उस ओर बढ़ा दी।

हम पहाड़ी के साथ वाली सड़क पर टहलने निकल पड़े। मैंने देखा कि मानव शायद कोई चीज निहारने में लगा था। मैंने अपने आगे निकल आए कदमों को पीछे खींचा और उसके चेहरे पर देखने लगी। मैंने उसकी नजरों से नजर मिलाई। मुझे ऐसा कुछ दिखाई नहीं दिया जिसे इतनी गौर से देखा जाए। मैंने फिर उसके चेहरे पर देखा कि उसकी आँखों की पुतलियाँ तेजी से इधर-उधर हो रही थीं शायद वो किसी चीज का नापतोल, समानता-असमानता देख रही थी। मैंने उसके कार्य में बिल्कुल विघ्न नहीं डालना चाहा।

'माँ'—मानव के नन्हें से मुख से कुछ देर बाद निकला।

तुम इतनी गौर से क्या देख रहे थे बेटे—मैंने पूछा।

माँ ये देखो। एक तरफ से बड़े-बड़े महल और दूसरी तरफ ये छोटी-छोटी झुग्गियाँ। आखिर ऐसा क्यों है माँ। मानव ने पूछा?

मैं सोचने लगी कि छोटा बच्चा उड़ती चिड़िया, उड़ती तितलियाँ, उड़ता जहाज देखता है पर इसने ये क्या देख डाला। मुझे पता था कि 'ऐसा क्यों' शब्द तो सृजनता (ज्ञान) के परिवार का होता है। मैंने लम्बी साँस खींची और इस नन्हीं सी जान में सृजनता का बीज डालने के लिये भगवान को धन्यवाद दिया।

माँ बताओ ना—मानव मेरा हाथ पकड़कर हिलाने लगा और मैं इस महान प्रश्न के उत्तर में खो गई। पिछले चार दिनों से मेरे मस्तिष्क में इतने प्रश्न भरे पड़े थे कि तिल भर जगह नहीं थी और नन्हे मानव के इस प्रश्न ने तो जैसे सभी को बाहर खदेड़ दिया था। फिलहाल उसकी जिज्ञासा को शान्त करने के लिए एक साईनबोर्ड ने मेरा साथ दिया जिस पर नेता, अभिनेता, खिलाड़ी, बिजनैसमैनों व अन्य प्रभावशाली लोगों की तस्वीरें छपी थीं।

देख बेटे, इन्हें देख, ये महल जैसे घर इन जैसे लोगों के हैं और ये झुग्गियाँ शायद हमारे जैसों की—मैंने कहा।

ये 'ऐसा क्यों' का उत्तर तो नहीं था पर मैं क्या करती फिलहाल मेरे पास उत्तर था ही नहीं। मानव की नन्हीं आँखें अब साइनबोर्ड पर टिक गई थीं। एक बार फिर वह क्या खोज रहा था मैं नहीं समझ पाई। मैंने फिर से अपनी आँखें साइनबोर्ड पर टिका लीं और मुझे एक बार फिर ऐसा कुछ नहीं मिला जिस पर इतना गौर किया जाये।

मैं फिर उसकी चुप्पी टूटने का इन्तजार करने लगी कि फिर उसकी नन्हीं आँखें व नन्हा-सा मस्तिष्क आखिर क्या खोजकर लेकर आता है।

मुझे फिर प्यारा-सा शब्द 'माँ' सुनाई पड़ा। माँ देखो—उसने अपना नन्हा सा हाथ साइनबोर्ड की तरफ उठाया। दो आँखें इनकी दो हमारी, दो हाथ इनके पास दो ही हमारे पास, दो टाँगें यानी जो कुछ इनके पास है वही सब हमारे पास भी, फिर ये लोग इन महलों में क्यों और हम इस कचरे के ढेर पर क्यों?

मेरी आँखें फटी की फटी रह गईं। मैंने कल्पना भी नहीं की थी कि अबकी बार ये नन्हा-सा मस्तिष्क इतनी महान और विशाल चीज खोजकर लाएगा।

मुझे कुछ नहीं सूझ रहा था। मैंने अपनी आँखें बन्द कर लीं और मुझे लगा कि हम दुनिया में अकेले नहीं हैं ईश्वर हमारे आस-पास ही है।

मानव ने मेरा हाथ हिलाते हुए एक बार फिर अपना अनमोल प्रश्न दोहरा दिया था। मुझे ही नहीं इस नन्हीं सी जान ने सारे संसार की आधे से अधिक आबादी को उत्तरहीन बना दिया था। मेरी तरह उनके मुँह पर भी ताला लगा दिया था।

यह सवाल मात्र नहीं था। मेरे बेटे ने दुनिया की आधे से अधिक आबादी को आइना दिखा दिया था। उनके इन्सान होने पर प्रश्नचिह्न लगा दिया था। उन्हें सिर खुजलाने और गर्दन नीची करने पर बाध्य कर दिया था।

मेरा जी चाह रहा था कि मैं इस नन्हीं सी जान के पैर छूँ लूँ, क्योंकि इसके अन्दर भगवान बैठा साक्षात् नजर आ रहा था। मैंने निर्णय लिया कि इस प्रश्न के उत्तर के लिए चाहे मुझे पाताल चीरना पड़े तो भी मैं करूँगी। आखिर इस प्रतिस्पर्धा के लिए ही तो मैं इसे शहर लेकर आई थी।

माँ, माँ, माँ, तुम्हें क्या हो जाता है। मेरे उत्तर को बीच में छोड़ तुम क्या सोचने लग जाती हो?

कोई चारा ना देख मैंने उसे अपने सीने में दबा लिया। मैं सोचने लगी कि बेटे तुम्हारे प्रश्न कोई इस पहाड़ी की सिला पर नहीं रखे। इनके लिए तो शायद इनको चीर पाताल में जाना होगा मेरे मुँह पर ताला सा लगा था और मानव के प्रश्नों ने फिर सिर उठा लिया।

माँ क्या ये लोग बहुत ताकतवर हैं कि इनसे छिन लिए या इन्होंने सबसे पहले आकर इन पर कब्जा कर लिया?

इस बार शायद उसने मेरी लाचारी का ख्याल रखा था और अपने प्रश्न को थोड़ा सरल बना दिया था।

क्या आपने गाँव में आया हाथी देखा था बेटे—मैंने मानव से पूछा?

हाँ माँ कितना बड़ा विशाल था—मानव ने अपने हाथों की आकृति बनाते हुए कहा।

अगर ताकत से सब कुछ होता बेटे, तो शायद दुनिया का सबसे बड़ा घर हाथी का होता—मैंने मानव के सिर पर हाथ फेरते हुए कहा।

और ना ही ये लोग पहले आए थे बेटे। इन्होंने इनका निर्माण खुद किया है।

तो फिर इन्होंने क्यों नहीं किया—मानव ने झुग्गियों की तरफ इशारा करते हुए कहा।

वह शायद फिर उसी ओर जा रहा था।

पढ़-लिखकर कड़ी मेहनत करने से यह सब सम्भव है बेटे। यह सब बनाने के लिए ही तो हम लोग शहर में आए हैं बेटे—मैंने कहा।

सच माँ—मानव ने कहा और पिछले कई दिनों से मुरझा गए उसके नन्हें से चेहरे पर हल्की-सी मुस्कान फैल गई और मैंने फिलहाल साधारण-सी औपचारिकता निभा दी थी।

हम आहिस्ता-आहिस्ता अपने आशियाने को ओर बढ़े।

माँ पर ये लोग क्यों नहीं पढ़े? मानव के सवाल फिर शुरू हो गये।

शायद गरीबी के कारण—मैंने कहा।

गरीबी क्या होती है माँ? और लोग गरीब क्यों होते हैं।

'क्यों' का तो फिलहाल मेरे पास जवाब नहीं है बेटे।

पर जिसके पास पैसे नहीं वो गरीब होते हैं—मैं बच्चों की तरह जवाब दे रही थी।

लेकिन पैसे क्यों नहीं और इन लोगों के पास कहाँ से आए?

इन लोगों ने पढ़ लिखकर मेहनत की बेटे। दुनिया में मेहनत ही सब कुछ है बेटे। 'पैसे क्यों नहीं' की बड़ी सी जटिल परिभाषा आखिर मैं उसे कैसे समझाऊँ।

हम एक सिला पर बैठ गए। देखो बेटे जैसे हम किसी दुकानदार को जितना पैसा देंगे वह हमें उसी मूल्य के बराबर सामान दे देगा। उसी तरह भगवान की भी

एक दुकान है और भगवान के तराजू में हमें पैसे की जगह मेहनत डालनी होती है। हम जितनी डालेंगे उतना हमें मिलेगा।

तो फिर इन्होंने मेहनत क्यों नहीं की—मानव ने फिर पूछा?

ये तो तुम्हें बड़े होकर इन्हीं से पूछना होगा। कह कर क्यों पर अड़े बच्चे से मैंने पूछा छुड़ाना चाहा।

आखिर मैं उसे कुछ संतुष्ट करने में कामयाब हुई ये तो नहीं कह सकती। मैं इसे पलायन करना कह सकती हूँ। लेकिन ये फिलहाल का पलायन था आखिर मानव शान्त हो गया था। मानव के महान प्रश्न मेरे जहन में घुसकर मुझे पकड़कर हिला रहे थे कि बोलो माँ इन लोगों के पास जो है वही तुम्हारे पास भी, फिर तुम क्यों इस पाइप के टुकड़े को जबरदस्ती घर का नाम देकर मुझे इसमें घसीट रही हो।

मैं भगवान से प्रार्थना करने लगी कि हे भगवान आपको तो पता है कि एक महामानव औपचारिकताओं पर तैयार नहीं हो सकता। वह औपचारिकताओं की कमजोर पगडंडी पर नहीं चल सकता। उसके लिये ठोस धरातल की जरूरत होगी। इसलिए आप मेरी सहायता करें।

* * *

आशियाना भरोसेमन्द ना सही लेकिन फिलहाल हमें भगवान ने सिर पर छत उपलब्ध करा दी थी। अब मेरे सामने काम की दूसरी समस्या थी जो मुझे हल करनी थी क्योंकि मेरे आँचल की गाँठ में दो-तीन दिन का धन बचा था सो मुझे बिना वक्त गँवाए काम की खोज पर निकलना था।

मैं काम की तलाश में मानव के साथ शहर की ओर चल पड़ी मैंने देखा लोगों से उफनते इस विशाल शहर में घण्टे, मिनट तो क्या Sec तक नहीं थे मुझसे बात करने के लिए परन्तु मुझे निराशा की जगह तसल्ली हुई कि काम का तो शहर भरा पड़ा है। हम आखिर दिनभर घूम चुके थे पर जिस शहर ने लाखों लोगों को दो वक्त की रोटी ही नहीं पूरे जीवन काल यहाँ तक कि कई जन्मों की रोटी Advanced दे रखी थी वो हमें दो जून की रोटी के लिए आखिर अपने पैर पीछे क्यों खींच रहा था।

ज्यादातर की वही नजरें थीं जो मुझे शहर में आते ही देखने को मिली थीं। आज दिनभर हमें कहीं धक्के मिले थे तो कहीं लोगों ने हमारे लिए बोलना भी उचित नहीं समझा, इशारों से भगा दिया था।

मानव के थके और मासूमियत भरे चेहरे को देखकर मेरा दिल अन्दर से रो रहा था। मुझे शहर के इस तरह के बर्ताव को देखकर कोई आश्चर्य नहीं था क्योंकि मुझे पता था दुनिया इस तरह के लोगों से भरी पड़ी है।

माँ क्या हमें वापिस गाँव चलना चाहिए, मानव ने बहुत देर के बाद शायद मुझ पर तरस खाते हुए बोला।

नहीं बेटे यही तो वक्त है सीखने का। देखो बेटे किसी भी चीज की पहले ट्रेनिंग होती है बाद में उसे कीमत मिलनी शुरू होती है।

ये भगवान की हमें मजबूत और इन्सान बनाने की ट्रेनिंग चल रही है। अगर बेटे हम इतने से हार मान पलायन कर गाँव चले गए तो शहर का क्या कोई हमें बुलाने जाएगा। कोई हमें हाथ पकड़कर नहीं उठाएगा बेटे, पर तू चिंता मत कर भगवान सब ठीक कर देगा–मैंने आँचल से उसके मुँह से पसीना पोंछते हुए कहा और हम काम की तलाश में आगे बढ़ गए। आखिर एक जगह मुझे औरतें प्लास्टिक का कचरा इकट्ठा करती हुई दिखाई दीं। मैंने उनसे बात की और उन्होंने मुझे बताया इस तरह से वो अपनी आजीविका चला रही थीं।

सो मैंने ईश्वर को धन्यवाद दिया कि उसने मेरे मासूम बच्चे व मुझ पर तरस खाकर मुझे काम दे दिया था।

मैंने अभी से अपना काम शुरू कर दिया क्योंकि अभी दिन का कुछ हिस्सा बचा था और मैं उसे नष्ट नहीं करना चाहती थी।

* * *

आखिर हमारी जिन्दगी की शहरी गाड़ी अच्छी तरह से तो नहीं पर लुढ़कने लगी थी और मैं जिस उद्देश्य से शहर में आई थी उसके ऊपर चलते मैंने मानव का स्कूल में दाखिला भी करवा दिया था।

आज मानव के स्कूल का पहला दिन था और वह काफी खुश था। मैंने भगवान से विनती की हे भगवान इसका ये स्कूली सफर अच्छा रहे। मैं और मानव स्कूली द्वार पर थे और मैंने मानव को इस ज्ञान के मन्दिर के चरण छूने के लिए बोला।

मुझे पता था कि मानव आगे मानव ही बना रहता है या दानव बनता है इस जगह का भी अहम योगदान रहेगा।

मानव स्कूल में दौड़ा जा रहा था और मैं ईश्वर को याद करती वापिस अपने काम पर लौट आई।

मानव तेजी से शहर की स्कूली जिन्दगी में ढलता जा रहा था। एक दूरदर्शी माँ का बेटा होने के कारण वह अपनी जिज्ञासा के समाधान होने तक Teacher का पीछा नहीं छोड़ता था।

Teachers आज आजदी पर पढ़ा रहे थे बच्चों 15 August 1947 को हमें अंग्रेजों ने आजाद कर दिया।

Sir ये अंग्रेज कौन थे–मानव ने पूछा।

अंग्रेज बेटे इंग्लैंड देश के निवासी थे। Teacher ने कहा।

Sir इंग्लैंड कहा है।

दूर समुंद्रों पार Teacher ने कहा और फिर पढ़ाने लगे। नेताजी सुभाचन्द्र बोस, भगत सिंह, महात्मा गाँधी जैसी हस्तियों ने हमें आजादी दिलवाई।

पर Sir पहले तो हम गुलाम क्यों हुए–मानव ने पूछा।

आपसी फूट के कारण–Teacher ने कहा।

क्या इंग्लैंड हमसे बहुत विशाल है। बच्चे ने फिर पूछा।

नहीं बेटे वो हमसे कई गुना छोटा है। Teacher ने कहा।

तो Sir यानी समुंद्रों पार से कुछ अंग्रेज आए और हम करोड़ों को गुलाम बना लिया। अरे मूर्ख बच्चे आपसी फूट की वजह से हुआ Teacher ने फिर कहाँ लेकिन हम 100 थे अैर अंग्रेज 1 फूट भी डालते यानी वो हमें 100 जगह भी बाँटते तो एक अंग्रेज और एक हम फिर एक दूसरे एक को गुलाम कैसे बना सकता है।

Teacher ने अपना चश्मा साफ करते हुए पूछा क्या नाम है तुम्हारा।

'फिलहाल' मानव–बच्चे ने कहा।

'फिलहाल' इसका क्या मतलब हुआ। Teacher ने पूछा।

Sir मेरी माँ कहती है। कि ये नाम फिलहाल का है। और ये बदल भी सकता वो मेरे ऊपर है। कहाँ रहते हो Teacher ने पूछा।

ये सब छोड़िये Sir पहले ये बताए हम गुलाम क्यों हुए। मानव ने पूछा।

अरे छोड़ मेरे बाप मेरा पीछा छोड़ Teacher ने हाथ जोड़ते हुए जाने लगे।

और मैंने घर आते ही माँ से कहा कि खाना बाद में पहले ये बताओ हम गुलाम क्यों हुए।

अनपढ़ता के कारण बेटे हम शायद मूर्ख थे और अंग्रेज पढ़े-लिखे—माँ ने कहा। हाँ कारण हो सकता हमारे देश के लोग पशुओं जैसे मूर्ख थे—मानव ने कहा पशुओं जैसे नहीं हमारे लोग भोले-भाले थे। माँ ने कहा ठीक है माँ। अंग्रेज भी गलत और हम भी मूर्ख।

मैं मानव का चेहरा स्कूल से आते ही गौर से पढ़ा करती थी। अक्सर वह आसपास की कोई उलझन व अपरिचित चीज पकड़कर लाता था और मैं उसका चेहरा ही पढ़ लिया करती थी कि कोई चीज उसे बेचैन कर रही है। क्योंकि ये संसार गुथा पड़ा है। ऐसे ही हमारा मस्तिष्क भी गुथी चीजें सयंम, धैर्य, तरीके से ही सुझला करती है।

लेकिन बचपना, शरारत, हड़बड़ाहट, जल्दबाजी व उतावलेपन से भरा होता है। और उलझी हुई चीजों के साथ ऐसे करने से हम उसे और ज्यादा उलझा देते हैं। और एक गाँठ बना देते हैं।

मैं नहीं चाहती थी कि कोई उलझन उसके लए गाँठ बन जाये सो मैं अक्सर उसकी गाँठे खोलने की कोशिश किया करती थी।

और आज मैं फिर एक उलझन उसके चेहरे पर पड़ी साफ दिखाई दे रही थी। पर फिलहाल मैं चाहती थी कि वह भोजन करे सबसे पहले उसकी शारीरिक एनर्जी पूरी करनी जरूरी थी।

चल बेटे पहले खाना खा ले—मैंने कहा।

'पहले' पर बाद में क्या करेंगे माँ—मानव ने पूछा।

तुम्हारी समस्या पर बात करेंगे—मैंने उत्तर दिया।

पर माँ आपको कैसे पता चल जाता है 'ये मेरी एक और समस्या' मानव ने मुस्कराते हुए कहा।

मैंने कहा–बेटे ये समस्या समझाई नहीं जा सकती सिर्फ महसूस की जा सकती है।

और ये आगे चलकर अपने आप सुलझ जाएगी।

* * *

मानव की स्कूल की गाड़ी अब फर्राटे से दौड़ने लगी थी और उसने विवान, शिवा, आरिफ के रूप में अनेक दोस्त भी बना लिए थे। स्कूल की घंटी बज गई थी और मानव वापिस अपने आशियाने की ओर अपने दोस्तों के साथ दौड़ पड़ा।

बाय मानव बाय और बाय के साथ उसके दोस्तों ने अपनी-अपनी झुग्गियों में जाने कि लिए विदा ली। मानव कुछ आगे बढ़ा और रास्ते में खड़े झुण्ड के पास जाकर रुक गया।

अंकल क्या आप लोगों के पास 5-10 मिनट का टाइम है–बच्चे मानव ने शिष्टाचार निभाते हुए झुण्ड से पूछा?

वैसे ये लोग 5-10 मिनट का मूल्य ही समझते तो शायद आज इन झुग्गियों के मालिक नहीं होते।

आपका घर कहाँ है–मानव ने झुण्ड से पूछा?

झुण्ड ने झुग्गियों की ओर इशारा किया।

तो इन महलों में कौन रहते हैं? हाथी या गधे किसके हैं ये महल अंकल? मानव ने अपने हाथ महलों की तरफ उठाते हुए पूछा?

अरे बेटे कभी गधे भी महलों में रहते हैं–झुंड में से एक ने कहा और सभी ने ठहाका लगाया।

तो क्या मैं गधों की बात कर रहा हूँ? मानव ने अपना माथा चढ़ाते हुए पूछा।

गधों से–झुण्ड ने एक-दूसरे की तरफ देखते हुए कहा।

हाँ क्या तुम गधे हो? इसलिए महलों में नहीं रहते बच्चे मानव ने झुण्ड को निरुत्तर कर दिया। आप लोगों के घर ऐसे क्यों नहीं–मानव ने फिर महल की ओर इशारा करते हुए पूछा?

पर बेटे ये बड़े लोग हैं–झुण्ड में से एक ने कहा।

मानव ने इमारत की बालकनी में खड़े आदमी को गौर से देखा और फिर झुण्ड की ओर उसने दो-तीन बार गर्दन घुमाई।

नहीं उसकी सब चीजें तो आपके समान हैं। देखो उसके हाथ क्या आपसे बड़े हैं। उसकी टाँगें न आपसे बड़ी हैं न संख्या में ज्यादा हैं और झुण्ड ने फिर ठहाका लगाया।

मानव ने अपने प्यारे से होठों पर अपनी छोटी-सी अंगुली लगाई और होठों से चुप और चेहरे से गम्भीर होने का चिह्न बनाया और झुण्ड की हँसी वहीं रुक गई।

मानव फिर झुण्ड से कहने लगा कि किसी चीज में फर्क नहीं है बस फर्क इसी हँसी में है जो तुम्हें आज तक नहीं दिखाई दिया। तुम्हारे सोचने की जगह इस हँसी ने ले ली है और इसी वजह से तुम यहाँ और वो वहाँ। इसलिए हँसिये मत सोचिये बच्चा अपने नन्हें से हाथ की नन्हीं-सी अँगुली उठाए बोल रहा था और झुण्ड की आँखें बाहर खिसकनी शुरू हो गई थी। आप सब लोगों ने जिन्दगी को हँसी-मजाक समझा और उसने इतना ऊँचा सोचा तभी तो यह इमारत इतनी ऊँची बनी है और वह तुमसे इतना ऊँचा खड़ा है और झुण्ड के चेहरे इस बच्चे के आठ साल के चेहरे से भी छोटे हो गए थे। फिर झुण्ड ने अपने लम्बे साँस से निकलती हिम्मत को रोका और झुण्ड से एक ने कहा–ये लोग भाग्यशाली हैं बेटे, इनके भाग्य में पैसा लिखा है।

भाग्य क्या होता है? मानव ने पूछा।

किस्मत-झुण्ड ने कहा।

किस्मत। क्या होती है?

झुण्ड–पता नहीं।

किसने लिखा? मानव ने पूछा।

भगवान ने–झुण्ड ने कहा।

कहाँ है भगवान? मानव ने पूछा।

पता नहीं—झुण्ड ने कहा।

क्या उस महल वाले को पता है—बिल्डिंग की बालकनी में खड़े व्यक्ति की ओर इशारा कर बच्चे ने पूछा।

भगवान का किसी को पता नहीं बेटे—झुण्ड ने कहा।

फिर ये लोग कहाँ से लिखवाकर लेकर आए—मानव ने पूछा?

झुण्ड ने कहा—बेटे जब हम जन्म लेते हैं तभी भगवान हमारा भाग्य लिखकर भेजता है।

पर तुमने क्या बिगाड़ा था भगवान का और एक बार फिर झुण्ड के चेहरों पर हँसी को नन्हें से बच्चे मानव के तेज ने रोक लिया और झुण्ड एक-दूसरे की ओर ताकने लगा।

यहाँ एक-दूसरे के पास कुछ नहीं रखा अंकल। ये ताक-झाँक अपने अन्दर करो—कहकर मानव झुण्ड को दाढ़ी खुजलाते हुए छोड़कर आगे बढ़ गया।

मानव को माँ का ख्याल आया और उसने अपने कदमों की गति बढ़ा दी ताकि इस बकवास की लेट निकल सके।

मानव ने हल्के-हल्के कदमों से माँ के पीछे जाकर माँ की दोनों आँखें दबा लीं पर माँ को जैसे बच्चे की महक आ जाती है। माँ ने प्यार से उसे अपने आँचल में डाल लिया।

मैंने उसका चेहरा साफ करते हुए कारण जानना चाहा और मानव ने झुण्ड का सारा Scene माँ के आगे रख दिया।

माँ ये भाग्य, किस्मत क्या होती है? क्या इन्हीं में लिखा सब कुछ होता है तो फिर हम ये व्यर्थ की भागदौड़ क्यों कर रहे हैं?

ठीक है सुबह मैं तुम्हारे पीछे का और अब का सारा हिसाब चुकता कर दूँगी—मैंने उसे भरोसा दिया और हम सो गए।

* * *

आज रविवार छुट्टी का दिन था और मानव ने सुबह होते ही मेरा रात का वादा मुझे याद करा दिया था।

हम पिछले दिन के इकट्ठे किए कचरे के ढेर पर आ गए।

माँ हमारी दौड़ आखिर कचरे के ढेर पर आकर क्यों रुक जाती है—मानव ने अपना मुँह सिकोड़ते हुए पूछा।

बेटे कोई भी चीज पूरी की पूरी कचरा नहीं हो सकती। उसमें भी कुछ छिपा हो सकता है—मैंने कहा और उसमें अपना सामान खोजने लगी।

माँ आप क्या खोज रही हो? क्या मैं आपकी सहायता करूँ? नहीं बेटे मैंने खोज लिया।

मेरे हाथ में एक प्लास्टिक का टुकड़ा था और मैं उसे पतंग का रूप देने लगी। मेरे प्रश्न और पतंग? मानव ने अपना माथा चढ़ाते हुए पूछा।

मैंने पतंग बनाकर घर के अन्दर रखा। एक डोर का गट्ठा लिया जिसे मैंने पहले ही इसी उद्देश्य से रख रखा था।

मैंने पलंग के एक तरफ भाग्य और एक तरफ जिन्दगी लिखकर डोर मानव की ओर बढ़ाने के लिए बढ़ा दी। ले बेटे इसे जितना ऊँचा उठा सकता है ये तेरे हाथ में है।

मानव कोशिश करने लगा और मैं एक तरफ खड़ी उसका साहस बढ़ा रही थी।

पतंग कभी ऊपर उठती कभी नीचे गिरती और ये सिलसिला कुछ देर तक चलता रहा और मानव का धैर्य ज्यादा देर तक नहीं टिक पाया। गुस्से में उसने पतंग सहित डोर के गट्ठे को एक ओर फेंक दिया।

मेरे से नहीं होगा माँ।

करना तो तुम्हें ही पड़ेगा बेटा—मैंने अब स्वर थोड़ा कड़ा करते हुए कहा।

मैंने पतंग उठायी और उसकी सहायता करने लगी। आखिर काफी देर की मेहनत के बाद आखिर हमारी पतंग आसमान में लहराने लगी थी और अब मैंने डोर छोड़ दी।

मैंने डोर वहाँ छोड़ी जहाँ मानव को ज्यादा कुछ करने की जरूरत नहीं थी।

मानव काफी खुश था और वह लहराती पतंग का आनन्द लेने लगा। उसकी खुशी और मुस्कान मुझे शीतलता प्रदान कर रही थी क्योंकि हम जिस स्थिति में रह

रहे थे वहाँ खुशी के अवसर कम थे सो मैं जब तक पतंग उसका मनोरंजन कर रही थी तब तक उसमें दखल नहीं देना चाहती थी लेकिन जिंदगी इससे अलग थी। यहाँ सभी को जिन्दगी रूपी पतंग स्वयं चढ़ानी होती है।

चलो अब डोर को इकट्ठा कर लो—मैंने मानव के चेहरे से देख लिया था कि पतंग उसका मनोरंजन कर चुकी है। मैंने कहा और मानव ने पतंग को नीचे उतार लिया और हम पहाड़ी पर टहलने निकल पड़े।

क्या मेरे बेटे को उसके सवालों का जवाब मिल गया? मैंने मानव के चेहरे पर देखते हुए पूछा। मानव ने अपने माथे को छुआ। वह Serious लग रहा था शायद उसके अन्दर सृजन हो रहा था और मैं उसे यह पूरा अध्याय खोलकर समझाने लगी।

मानव इस पतंग की तरह जिन्दगी और भाग्य को भी हमें ऐसे ही उठाना पड़ता है।

नं. 1 देखो बेटे सबसे पहले तो तुम्हें मजबूत और लम्बी डोर इकट्ठा करनी होगी यानी तुम्हारे पास जितनी लम्बी व मजबूत डोर होगी पतंगरूपी जिन्दगी उतनी ही ऊपर जाएगी। अगर तुम्हारी डोर ही चार कदम की होगी तो जिन्दगी भी चार कदम पर ही झूलेगी।

डोर का मेरा मतलब 'सोच' से है। बेटे हमारी सोच जितनी लम्बी होगी जिन्दगी भी उतनी ही ऊँची उठेगी।

नं. 2 इस काम में हमने की कोशिश भी तुम्हें ही करनी पड़ेगी क्योंकि जिन्दगी में कोई तुम्हें पतंग लहराकर तुम्हारे हाथ में नहीं पकड़ाएगा। अगर किसी माँ व पिता ने पकड़ा भी दी तो उसे चढ़ाने का तरीका मालूम नहीं होगा कि वह नीचे कैसे आई और ऊपर कैसे उठेगी तो सफलता चंद समय की ही मेहमान होगी।

सो बेटे कोशिश स्वयं करनी होगी। अगर तुम इस सोच के साथ बैठे रहे कि किस्मत में होगा तो लहरा जाएगी या कोई आएगा और इसे लहराकर तुम्हारे हाथ में देगा तो ये पतंगरूपी जिन्दगी पड़ी ही रहेगी और एक जगह पड़ी चीजें या तो स्वयं नष्ट हो जाती हैं या दुनिया रौंद देती है या कोई तूफान उसे उड़ाकर तहस-नहस कर देता है क्योंकि जिन्दगी एक पथ है बेटे, अगर कोई पथ पर पड़ा रहे तो दुनिया उसे रौंद डालेगी।

नं. 3 हमने पतंग को उड़ाने में जैसा किया। मेहनत + जिद्द + धैर्य + बुद्धि + आत्मविश्वास ये सब चीजें जैसे इस कार्य में साथ चलीं वैसे जिन्दगी में भी साथ चलेंगी।

तुम्हें मेहनत करनी होगी और जिद्द करनी होगी ऊपर उठने की और धैर्य को तो अपने सपने में रमाकर रखना होगा। यूँ पतंग की तरह फेंकने से काम नहीं चलने वाला। इस दौरान तुम्हें दृष्टि चारों ओर बनाए रखनी होगी और काँटेदार वृक्षों में उलझने और तहस-नहस होने से बचाना होगा और हे बेटे, अगर उलझ भी गई तो निराश नहीं होना क्योंकि डोर तो तुम्हारे हाथ में रहेगी ही, सो नई पतंग बनाकर फिर कोशिश करनी होगी।

बेटे अपनी बुद्धि को तो हमेशा काम पर लगाए रखना होगा कि जिन्दगी रूपी पतंग ऊपर जा रही है या नीचे आ रही है। अपनी बुद्धि द्वारा तुम्हें कारणों का पता लगाना होगा। नीचे आने पर वर्तमान के विपरीत क्रिया करनी होगी और लगातार आगे बढ़ना होगा।

और हे बेटे, गोते खाती पतंगरूपी जिन्दगी से घबराना नहीं। वहाँ तुम्हें साहस और धैर्य की जरूरत होगी क्योंकि आज तक जो भी पतंग नीचे से ऊपर गया है वह गोते खाते ही गया है।

हे बेटे, इन सब चीजों को मजबूती से पकड़े रहना होगा क्योंकि इसमें से कोई भी चीज छूटी तो तुम जिन्दगी रूपी पतंग आसमान में नहीं लहरा सकते।

हाँ बेटे, जिन्दगी यानी पतंग की डोर काफी मजबूत होनी चाहिए क्योंकि इस आसमां पर तुम्हारे अकेले का राज नहीं है। यहाँ सभी अपनी-अपनी पतंग लहरा रहे होंगे या लहराने की कोशिश कर रहे होंगे। हे बेटे, इस संसार में ऐसे दरिन्दे भी होंगे जिसे दूसरे की पतंग नीचे गिराने, तहस-नहस करने में ही मजा आता होगा और ऐसे जानवर भी जिन्हें पता भी नहीं की यह क्रिया क्या और क्यों हो रही है। हे बेटे, अगर आपने जिन्दगीरूपी पतंग को आसमां में लहरा भी दिया तो भी आप आँखें बन्द करके नहीं बैठ सकते। तुम्हें हर वक्त खुले दिमाग व खुली आँखों को चारों दिशाओं में घुमाते रहना होगा।

क्या मेरा बेटा सुन रहा है या मैं इन पत्थरों से बात कर रही हूँ? मानव ने मेरी तरफ देखा और अपने नन्हे-नन्हे हाथों से मेरे पैर छूते हुए कहा—तुम्हारा बेटा सुन रहा है माँ।

क्या सिर्फ सुन रहा है—मैंने पूछा?

आप चिन्ता न करें माँ। आपका बेटा पूरे तरीके से समझ रहा है क्योंकि सुन तो माँ ये सिलाए भी रही हैं। मेरे सारे प्रश्नों का उत्तर मुझे मिल गया है।

मानव की आवाज की गहराई मुझे तसल्ल दे रही थी।

मैंने मानव के चेहरे पर छलक आए आत्मविश्वास को महसूस किया और उसका माथा चूम लिया।

देखो बेटे, जैसे तुमने थोड़ी-सी देर में हिम्मत हारकर इस जिन्दगी रूपी पतंग को फेंक दिया था। वे फेंकने वाले ये लोग हैं—मैंने झुग्गियों की तरफ इशारा किया और जिन्होंने कड़ी मेहनत के साथ हवा में लहरा दिया वे ये लोग—अब मैंने साइनबोर्ड की तरफ इशारा किया।

मैं समझ गया माँ, समझ गया—मानव ने दोहराया। यह दोहराव शायद इस बात की पुष्टि थी कि वह अच्छी तरह से समझ गया था।

* * *

रात को अकसर मैं अगले दिन की योजना और पिछले सारे दिन की दिनचर्या की समीक्षा किया करती थी जो शहर आने के बाद मैंने आदत-सी बना ली थी जो शायद जरूरी एवं सही थी। मेरी सारी योजना मानव को लेकर होती थी क्योंकि भगवान ने शायद मेरी इस काम पर Duty लगा रखी थी क्योंकि मैं मानव को सिर्फ नाम से मानव नहीं कर्म से मानव बनाना चाहती थी। मानव को स्कूली जिन्दगी Set हो गई थी पर मैं उसे स्कूली जिन्दगी पर नहीं छोड़ना चाहती थी। मैं मानव की स्कूली जिन्दगी को तो केवल औपचारिकता ही मान रही थी। मुझे मानव को मानसिक के साथ शारीरिक तौर पर भी मजबूत बनाना होगा क्योंकि इस संसार में टिकने और महानता के लिए एक दिशा का ज्ञान होना काफी नहीं था। महानता के लिए चारों दिशाओं का ज्ञान होना जरूरी था सो मैंने कल सुबह की Planning कर सोने की कोशिश की।

* * *

जैसे ही नींद ने मेरे ऊपर से अपना आँचल खींचा मेरी आँखें खुल गई और मैं आसमान में तारों से समय का आंकलन करने लगी। इस प्रकार मैं अच्छा-खासा अनुमान लगा लिया करती थी। घड़ी और मेरे आंकलन में मुश्किल से 10 से 15 मिनट का फर्क होता था।

मेरे अनुभव के मुताबिक सुबह के चार बजे थे सो मैंने अनुमान लगाया कि स्वास्थ्य की दृष्टि से अगर देखा जाए तो मानव की नींद पूरी हो चुकी थी इसलिए मैंने जागने का निर्णय लिया।

मानव उठो बेटे मैंने आवाज लगाई और मानव मेरी पहली आवाज पर आँखें मलता हुआ उठ गया।

माँ अभी रात है और हमें सोना चाहिए—मानव ने वापिस लेटते हुए कहा।

नहीं बेटे हमें उठना चाहिए—मैंने कहा।

पर माँ अभी तो रात है। उसने फिर दूसरी ओर करवट लेते हुए कहा।

रात इन झुग्गियों वालों के लिए है साइनबोर्ड वालों के लिए दिन है बेटे इसलिए उठो। मैंने अपने स्वर को दृढ़ करते हुए कहा और वह अलसाई आँखें मलते हुए उठने लगा।

मैंने पानी की बोतल उस ओर बढ़ा दी और हम पहाड़ी की ओर चलने लगे।

पर माँ हम क्या करेंगे इस रात को?

करने वालों के लिए रात कबकी खत्म हो चुकी बेटे।

हम उतना ही सोएँगे बेटे जितने की हमारे शरीर को जरूरत है। नहीं तो हमारे प्रतिद्वन्द्वी को हमसे ज्यादा Time मिल जाएगा और वो हमसे आगे निकल जाएगा। ठीक है।

उसकी गर्दन ने सहमति का चिह्न बनाया। देखो बेटे इन्सान का जीवन उसके काम व चुनौतियों को देखते हुए इतना बड़ा नहीं होगा कि जी-भरकर समय की फिजूलखर्ची की जाए। महान बनने के लिए हमें हर चीज का Time table बनाकर चलना पड़ता है।

हे बेटे, हमारे शरीर के लिए कितना क्या जरूरी है, उतना ग्रहण करके बाकी जिन्दगी हमें जीव, प्रकृति यानी संसार के उत्थान में खर्च करनी होती है।

मानव 'जी माँ' के साथ अपनी गर्दन हिलाता चल रहा था। अच्छा ये बताओ बेटे कि दिन कितने घंटे का होता है?

माँ दिन और रात 24 घण्टे के होते हैं इसलिए दिन 12 घण्टे का हुआ। मानव ने कहा।

मैंने कहा, देखो इनका दिन केवल 8 घण्टे का—मैंने झुग्गियों की ओर इशारा किया। तुम्हारा 12 घण्टे का और बेटे इन जैसे लोगों का 16 घण्टे का। मैंने फिर

साइनबोर्ड की ओर इशारा किया और दुनिया में ऐसे भी लोग हैं बेटे जिनका दिन होता ही नहीं।

बेटे महान लोग 8 घंटे के लम्बे Time में अपनी निजी शारीरिक जरूरतें पूरी कर लेते हैं इसलिए बेटे तुम्हें महान बनने के लिए अपने दिन का Size बढ़ाना होगा। ठीक है। मैंने मानव के चेहरे पर गौर से देखते हुए कहा मैं उसके चेहरे से ही अनुमान लगा लिया करती थी कि वो यहाँ है या नहीं।

ठीक है माँ। मैं ऐसा करने की पूरी कोशिश करूँगा—मानव ने कहा।

कोशिश नहीं बेटे आगे ऐसा ही होगा बोलो—मैंने थोड़े ऊँचे व कड़े स्वर में कहा।

ऐसा ही होगा माँ। मानव ने अपने नन्हें-नन्हें हाथ जोड़ते हुए कहा।

उसकी इस क्रिया से मुझे भगवान कृष्ण के बालरूप की याद आ गई और मैंने अपने कान्हा के गाल चूम लिए।

चल मेरे कान्हा अब तैयार हो जा मैं तुम्हें यहाँ एक बड़े काम के लिए लाई हूँ। वो शिखर देख रहे हो—मैंने पहाड़ी की चोटी की ओर इशारा करते हुए कहा और मानव की गर्दन मेरी अंगुली के संकेत की तरफ घूम गई।

मैं भी देखती हूँ उसे कितनी जल्दी छूकर आते हो।

पर इससे क्या होगा माँ?

इससे बहुत कुछ होगा बेटे। देखो बेटे मैं तुम्हें मानसिक के साथ-साथ शारीरिक तौर पर भी मजबूत बना देना चाहती हूँ।

मैं नहीं चाहती कि तुम्हारा मानसिक और शारीरिक तौर पर कोई हिस्सा नाजुक रह जाए और दुश्मन को उस पर प्रहार करने का मौका मिल जाए इसलिए जाओ बेटे दौड़ो, दौड़ो बेटे—मैंने दृढ़ स्वर में पुकारा और वह दौड़ने लगा।

तेज...मानव तेज और तेज...बेटे और वह दौड़ता गया और मैं ऊँचे स्वर में चिल्लाने लगी और कुछ ही देर में मानव शिखर पर था और वह चिल्ला रहा था, मैंने छू लिया माँ।

शाबाश बेटे शाबाश! और मैंने अपनी बाँहें फैला दीं और वह मेरी बाँहों में समा जाने के लिए तेजी से नीचे आने लगा। उसका छोटा-सा मासूम चेहरा पसीने से

तर-बतर था जैसे किसी तालाब में डुबोकर निकाला हो। मुझे पता था उसे कष्ट हो रहा था पर उसके भविष्य के लिए यह प्रक्रिया जरूरी थी।

मुझे यकीन था कि अब उसे दोबारा सुबह उठाने की जरूरत मुझे नहीं पड़ेगी क्योंकि उसने आज तक मुझे किसी बात को दोहरा कर मनवाने के लिए बाध्य नहीं किया था। मेरी बात को वह दवा की तरह अपने शरीर में रमा लेता था और उसकी यह आदत मुझे काफी शान्ति देती थी और जरूरी भी थी।

* * *

मानव की फिजिकल और स्कूली ट्रेनिंग शानदार तरीके से चल रही थी और हमारा व्यवसाय भी हमारा अच्छा साथ दे रहा था। मैंने अपने प्लास्टिक के इकट्ठे ढेर को देखा। शुरू-शुरू में मैंने यह सोचा कि ये लोग इस गन्दगी के ढेर को माल जैसे अच्छे शब्द से क्यों पुकारते हैं पर आज वो हमारे लिए माल ही नहीं जिन्दगी बन चुका था।

अब मुझे धंधे का काफी अनुभव हो चुका था और मैंने ऐसे ठिकाने खोज लिए थे जहाँ से अच्छी-खासी प्लास्टिक मिल सकती थी इसलिए मुझे अच्छी बचत भी हो रही थी। सो मैंने पिछले कुछ दिनों की बचत निकाली और झुग्गी डालने के लिए सामान की लिस्ट बनाई। आज मानव के स्कूल की भी छुट्टी थी इसलिए आज हमने झुग्गी डालने का फैसला किया।

मैं और मानव झुग्गी व दैनिक जरूरतों के सामान हेतु बाजार चल दिए। हम बस्ती से कुछ बाहर निकले ही थे और मैंने देखा कि मानव एकाएक रुक गया था, शायद वह एक दम्पति के उछलते कुत्ते को देख रहा था।

दम्पति और उसके बच्चों ने अपने हाथों में बिस्किट के पैकेट ले रखे थे। वे बिस्किट ऊपर उछाल रहे थे और कुत्ता उन्हें हवा में कैच कर रहा था। परिवार मनोरंजन में मशगूल था लेकिन फिर देखा कि एक अपाहिज अपने बाकी शरीर को हाथों से घसीटकर लेकर आ रहा है। मैंने सोचा इसके आने का उद्‌देश्य भी मनोरंजन ही होगा पर भूखे पेट वाले का शायद इन्द्र की परियाँ भी मनोरंजन नहीं कर सकतीं तो फिर ये कुत्ता कैसे कर सकता था।

अपाहिज ने इस परिवार के पास आकर 'माँओ' जैसा शब्द बोला और अपने टेढ़े मेढ़े हाथ ऊपर उठाए, पर यह परिवार अपनी मस्ती में मस्त था।

शायद अपाहिज ने सोचा कि कहीं खाना खत्म ना हो जाए और वह घसीटकर परिवार के मुखिया के पैरों के पास आ गया। मुखिया ने सरसरी-सी नजर दौड़ाई और झिड़क दिया और अपने मनोरंजन की प्रक्रिया फिर शुरू कर दी। पर शायद ऐसी झिड़क का वह आदी हो चुका था यह कोई विशेष क्रिया नहीं थी। सो अपाहिज फिर आगे बढ़ा और अपने गन्दगी से सने टेढ़े-मेढ़े हाथों से मुखिया की चिकनी पतलून को पकड़ लिया और फिर वही माँओ जैसा शब्द अपने मुँह से निकाला। मुखिया ने उसके लार टपकते मुँह और गन्दगी से सने हाथों की तरफ देखा और मुखिया का गुस्सा इस दो, तीन सैकेण्ड की अवधि में ही इन्सानियत की सारी सीमाओं को लांघकर चोटी पर जा चढ़ा। मुखिया ने अपनी मोटी टाँग और लम्बे जूते का इस्तेमाल करते हुए अपाहिज को दूर फैंक दिया। मेरे व मानव के मुँह से चीख-सी निकली। मैंने देखा मानव ने अपने चेहरे का रंग लाल करते हुए मेरे पकड़े हाथ को कस डाला था। वह अपाहिज को नहीं बल्कि मुखिया को देख रहा था। परिवार के मनोरंजन की प्रक्रिया खत्म हो गई थी और वो चले गए।

मैंने मानव के शरीर व चेहरे की भाषा से अनुमान लगा लिया कि इन्सानियत रूपी पौधा उसमें तेजी से बढ़ रहा है।

अपाहिज फिर घसीटता हुआ उस जगह पर आया जहाँ कुत्ता उछल कूद कर रहा था कि क्या पता किसी टुकड़े पर उसका भी नाम लिखा हो पर उसे कुछ हासिल नहीं हुआ और फिर अपाहिज ने आसमां की तरफ देखा शायद वह भगवान से कह रहा था। ऐसे मानव (मनुष्य) जीवन से तो अच्छा था तूने मुझे कुत्ता ही बना दिया होता।

मैं व मानव और तेजी से उसके पास गए। मानव उसकी टेढ़ी-मेढ़ी अंगुलियाँ देखने लगा। मैंने अपने आँचल से उसके मिट्टी के सने चेहरे को साफ किया और उसने मेरा आँचल पकड़ते हुए 'माँओ' जैसी आवाज फिर निकाली और मेरी ममता ने उसके सिर पर अपना हाथ रख दिया।

मानव पास की दुकान से बिस्किट का पैकेट ले आया। मैंने अपाहिज से पूछा कि उसका नाम क्या है और उसने फिर वही दोहराया माँओ।

हमने उसका नाम माँओ ही रख लिया। फिर मैंने पूछा कि वह कहाँ रहता है और उसने टेढ़े-मेढ़े एक हाथ से मेरी अंगुली पकड़ ली और दूसरा हाथ एक दिशा की ओर बढ़ा दिया। मैं और मानव उसके साथ-साथ चलने लगे। कुछ ही दूरी पर वैसा ही आशियाना आ गया जैसा हमारा था। यहाँ आसपास के बच्चों ने अपाहिज

के हाथ में बिस्किट का पैकेट देखा तो वे मेरे व मानव से चिपकते चले गए।

शायद हम ऐसे ही अपाहिज बच्चों की बस्ती में आ गए थे पर उनमें से बहुत से बच्चे ठीक भी थे। मैंने एक सज्जन से पूछा कि भैया ये किसके बच्चे हैं?

परमात्मा के—सज्जन ने कहा।

वो तो सब है पर इनके माता-पिता कौन हैं—मैंने फिर पूछा?

बहन जी कुछ नहीं पता ये यहाँ काफी दिनों से हैं। दिन में भीख वगैरह माँग लेते हैं और कभी-कभार कोई सज्जन यहाँ आकर इस चबूतरे पर खाना-वाना डाल देते हैं इसलिए इन्होंने यहीं अपने आशियाने बना रखे हैं।

मैं तय कर चुकी थी कि बचत के इस हिस्से का इससे अच्छा उपयोग तो हो ही नहीं सकता। मैं मानव के दिल को भी समझ गई थी पर अपने संशय को मिटाना चाहती थी कि मानव के हृदय में पनप रहा मानवता का पौधा कहीं परछाईं तो नहीं इसलिए मैंने मानव से कहा—अब चलें बेटे अपने सामान व झुग्गी के लिए...।

नहीं माँ—मानव मुझे बीच में ही रोकता हुआ बोला। माँ मुझे घर नहीं चाहिए, मुझे कुछ नहीं चाहिए माँ। हम इन पैसों से इन्हें खाना खिलाएँगे ताकि कम-से-कम आज तो इन्हें भीख नहीं माँगनी पड़ेगी।

मैंने भगवान को फिर धन्यवाद दिया कि वह मानव को महानता की ओर बढ़ा रहा है। हम उन सबको खाना खिलाने लगे। मैंने उन महलों की तरफ देखा कि आज मैं इनसे ज्यादा पैसे वाली हूँ।

माँओ मेरा आँचल अभी भी नहीं छोड़ रहा था और हमने माँओ सहित सभी बच्चों को हर रोज मिलने का वादा कर हम अपने ठिकाने की ओर चल दिए। इसके बाद मैंने रोज का क्रम बना लिया। हमारी दैनिक जरूरतें पूरी होने के बाद बचे पैसे को मैं इन बच्चों पर खर्च करने लगी।

* * *

सुबह हो चुकी थी और मैंने देखा कि मानव आज अब तक घोड़े बेचकर सोया हुआ था। बगैर पूछे उसने कोई नियम तोड़ा हो शायद आज पहली बार उसने ऐसा किया था। उठो मानव, मैंने उसके बालों को सहलाया और उठने का आदेश दिया।

Please माँ अब मैं पहाड़ी पर नहीं जाऊँगा। कल मैं गिर गया और मुझे काफी चोट लगी—कहते हुए वह फिर सोने की कोशिश करने लगा। मेरा कलेजा धक् सा रह गया जैसे किसी गुब्बारे को खींचकर छोड़ा हो।

मानव जागो, बेटे उठो, दौड़ो, तेज, सबसे तेज, मैं काफी ऊँचे और दृढ़ स्वर में चीखी और वह आँखें मलता हुआ खड़ा हो गया।

हम पहाड़ी पर चले गये। मुझे पहले ही पता था कि ये स्थिति एक दिन व जल्दी ही आ सकती है क्योंकि किसी भी चीज की शुरुआत तो कष्टकारी होती ही है इसलिए मैंने इस समस्या का इलाज पहले ही खोज रखा था।

मैं उसे लेकर उस स्थान की ओर गई जहाँ चींटियों को अनाज, आटा डाला करती थी।

माँ आप क्या खोज रही हैं—मानव ने पूछा।

मैं तुम्हारी बीमारी की दवा खोज रही हूँ बेटे—मैंने कहा।

दवा और ये चींटियाँ—मानव खिलखिलाकर हँसने लगा।

बेटे तुम पहाड़ी पर किसी वजन के साथ चढ़ते हो या खाली शरीर के साथ—मैंने पूछा।

मैं तो बगैर वजन के खाली चढ़ता हूँ माँ—मानव ने कहा।

तो इस चींटी को ध्यान से देख बेटे। यह अपने शरीर के भार से कई गुना भार उठाए और तुम्हारे एक कदम के बराबर दूरी तक अनेक बार गिरती व उठतीं।

मैं उसे दिखाने लगी और वह भी गम्भीर होकर ध्यान से देखने लगा।

हाँ, सच माँ, यह तो ऐसा ही हो रहा है—मानव ने कहा।

ध्यान से देख बेटे और ये अपने तय स्थान तक हजारों बार गिरेगी और फिर उठेगी और अपना उद्देश्य पूरा करेगी।

मानव ध्यान से देखे जा रहा था।

तुम तो इन्सान हो बेटे, इस पृथ्वी के सबसे शक्तिशाली जीव। क्या तुममें एक चींटी के समान साहस भी नहीं है—मैंने मानव का चेहरा अपने हाथों में पकड़कर कहा?

मानव की तिरछी आँखें अब भी चींटी देख रही थीं और उसकी मुट्ठियाँ बन्द होने लगीं। उसकी साँसें लम्बी हो गईं और गर्दन आहिस्ता-आहिस्ता शिखर की ओर घूम गई।

मुझे माफ कर दो माँ। और उसके नन्हें हाथ एक-दूसरे से फिर चिपक गए।

मैंने उसके दोनों हाथों को अलग-अलग किया और फिर चिल्लाई-भाग मानव भाग तेज बेटे सबसे तेज और मानव शिखर की ओर दौड़ पड़ा।

* * *

मैंने शहर में बड़े-बड़े इस्तहार लगे देखे और मैंने देखा कि कितने विशाल व हिंसक जानवर कैसे अदने से इन्सान रूपी जीव के सामने नृत्य कर रहे थे कुछ देर मैं ध्यान से देखती रही और फिर अचानक मुझे विचारा कि क्यों ना इसके सहारे मानव को प्रेरित कर उसका साहस, आत्मविश्वास बढ़ाया जाये। यह बच्चों का आत्मविश्वास बढ़ाने की शानदार दबा थी।

मैंने फैसला किया कि मानव के आत्मविश्वास के लिए देखना जरूरी और यह सब मेरी Planning के हिसाब में था कि आखिर वह कितनी ताकतवर योनि में पैदा हुआ है। उसकी ताकत से उसे अवगत कराना।

सो मैं और मानव अगले दिन सर्कस के लिए निकल पड़े थे। वह काफी उत्साहित था जैसे उसका अगला कदम क्रीड़ास्थल पर ही रखा जाए। हम उचित फीस के बाद अन्दर प्रवेश कर गए।

शो शुरू कर दिया गया और कलाबाजियों का दौर चलने लगा था। लड़कियाँ अपने बेहतरीन अभ्यास व मेहनत का शानदार प्रदर्शन कर रही थीं।

मानव के मुख से बार-बार चीख निकल रही थी। सब कैसे हो रहा है माँ? मानव ने पूछा?

मैंने कहा कि बेटे ये सब अभ्यास और मेहनत की ताकत है। कुछ देर तक यह सिलसिला चलता रहा और फिर हाथी, शेर, चीते विशाल-विशाल जानवर भी अपने नृत्य और हुनर दिखाने लगे। मानव फटे मुँह से गम्भीर होकर ये सब देख रहा था और बीच-बीच में अपनी तालियों की ठाप भी दे रहा था। वह बेहद खुश था।

हाथी के बीसवें हिस्से का ये मनुष्य अपने एक संकेत से उसे घुटने जमीन पर टिका देता । तो कभी उससे नृत्य करवाने लगता हिंसक-हिंसक जानवरों को वह खिलौने की तरह इस्तेमाल कर रहा था। विशाल व ताकतवर Tiger जिसकी एक दहाड़ से जंगल थरथरा जाता है। वह अदने से इन्सान के इशारे के आगे अपने पैर उपर कर देता था।

मैं एक माँ के तौर पर खुश थी पर एक गुरु के तौर पर अभी संतुष्ट होना बाकी था।

आखिर शानदार मनोरंजन के बाद Show पूरा हो गया था और हम बाहर सड़क पर आ गए थे। मानव अब भी पीछे मुड़-मुड़कर देख रहा था। लगता था काफी खुश था।

शायद आज उसकी जिन्दगी का सबसे खुशनुमा दिन था। मैं एक माँ के तौर पर संतुष्ट थी कि चाहे यहाँ से उसने कुछ ना उठाया हो कम-से-कम वह खुश तो था।

मानव—मैंने कहा।

Yes माँ।

मजा आया बेटे?

हाँ माँ बहुत मजा आया।

क्या सर्कस ने मेरे बेटे का सिर्फ मनोरंजन ही किया—मैं सोचने लगी।

क्योंकि ये पैसे जो आज सर्कस में खर्च हुए थे ये पैसे उन अपाहिजों, असहायों के खाने के थे जो आज मैं उन्हें नहीं देने गई थी तो अन्य बेटों को भूखा रख के मैं एक का मनोरंजन कैसे कर सकती हूँ।

ऐसा विचार आते ही मैं अपने तक सीमित हो जाती हूँ और पशु श्रेणी में आ जाती हूँ सो मैं अपनी उलझन ज्यादा देर तक नहीं रोक पाई और पूछा।

मानव सर्कस ने क्या तुम्हारा सिर्फ मनोरंजन ही किया बेटे?

हाँ माँ—मानव ने नन्हा-सा माथा चढ़ाते हुए कहा।

पर बेटे हमारे पास इतने पैसे नहीं हैं कि सिर्फ मजा लिया जाए। मानव क्या तुमने नहीं देखा कि विशाल ताकतवर हाथी और हिंसक शेर एक अदने से इन्सान के आगे नृत्य कर रहे थे।

हाँ, माँ देखा।

क्या सिर्फ देखा बेटे? मैंने जोर देकर पूछा?

उसके चेहरे के भावों से लगा कि जैसे कुछ भूली चीज याद आई हो।

मानव मैं तुम्हें इसलिए तो सर्कस लाई थी बेटे कि बता सकूँ संसार में सबसे शक्तिशाली इन्सान है और वो तुम हो तुम...तुम इन्सान हो बेटे इस पृथ्वी की सबसे ताकतवर चीज।

हाँ माँ ये तो बिलकुल सच है। मानव ने गम्भीरता से अपने माथे पर हाथ घुमाते हुए कहा।

तो क्या अब भी तुम्हें चींटी से समझाने की जरूरत पड़ेगी—मैंने पूछा।

नहीं माता आज आप भरोसा कर सकती हैं—मानव ने गम्भीर स्वर में कहा।

और हम अपने आशियाने की तरफ बढ़ गये।

* * *

आज समय से पहले ही अन्धेरा होने लगा था। आसमान नीले की जगह काले रंग का हो गया था। बिजली चमकने लगी थी। एक दिशा से ठण्डी हवा काफी तेजी से आ रही थी शायद बारिश आस-पास ही थी।

मैंने घर के अन्दर जाने से पहले एक बार हमारे असुरक्षित घर का जायजा लिया कि कहीं अधिक बारिश में पानी हमें घेर ना ले। मैंने चारों ओर नजर दौड़ाई पर हम काफी ऊँचे स्थान पर थे। सबसे आखिर में पहाड़ी के कुछ ऊपर था इसलिए शायद हम सुरक्षित थे और कुछ देर बाद ही बारिश काफी तेज गति से शुरू हो गई। मैं और मानव खान-पान की प्रक्रिया को निपटाकर शहर की पहली बारिश को निहारने लगे।

माँ बारिश काफी तेज हो गई है और हमारे घर में पानी आने लगा है—मानव ने कहा और मैं चौंकी। मैंने देखा कि पाइप के किनारों का सहारा लेकर कुछ पानी हमारी ओर आ रहा था। घर के दोनों दरवाजों पर मैंने कुछ मिट्टी डाल दी क्योंकि ज्यादा पानी आने की संभावना नहीं थी।

मैं और मानव लेट गए। काफी देर हो गई थी लेकिन बारिश ज्यों-की-त्यों चालू थी।

माँ आज बारिश रुक क्यों नहीं रही है?

ये सवाल तो बेटा भगवान इन्द्र के लिए है, इसलिए मैं उत्तर कैसे दे सकती हूँ, पर लगता है आज भगवान महासागरों को तालाब बनाकर ही छोड़ेंगे।

पर बेटे हम सुरक्षित हैं और हम सोने की कोशिश करने लगे। लगभग तो नहीं पर काफी देर बाद अचानक मुझे लगा कि जैसे मैं कुछ ऊपर उठ रही हूँ और फिर किसी ने उठाकर पटका हो। जैसे मुझे लगा कि मैं सपने में हूँ।

मेरी आँखें अधखुली-सी थी इसलिए मुझे ज्यादा कुछ समझ में नहीं आया तभी मानव की माँ-माँ चिल्ला उठा फिर मुझे लगा कि हम घूम रहे हैं।

पर घर कैसे घूम सकता है—मैं सोचने लगी परन्तु हम घर नहीं पाइप में थे। मुझे ध्यान आया इससे पहले शायद काफी देर हो चुकी थी। मैंने मानव को अपनी बाँहों में जकड़ लिया। मुझे कुछ नहीं सूझ रहा था कि मैं क्या करूँ। मानव के साथ मेरे मुँह से भी चीख निकल गई। मैं बाहर जाने की कोशिश कर रही थी परन्तु घुमाव इतना तेज था कि ऐसा बिल्कुल नहीं होने दे रहा था। मुझे लगा कि क्या अब हम मर जाएँगे।

मेरी बाँहों में जकड़ा था वह 20-30 किलो माँस का टुकड़ा नहीं था। वह संसार की धरोहर व पारस था। इसलिए मैं चिल्लाई कि हे भगवान दुनिया के अच्छे भविष्य के लिए इस जरूरी चीज को बचाइए और किसी तरह मैं मानव को बाहर फैंकने में कामयाब हो गई। शायद मैंने सबसे अच्छा रास्ता चुना था और इसके बाद एक धमाका-सा हुआ मुझे नहीं पता कि क्या हुआ।

'माँ' मानव जोर से चिल्लाकर दौड़ पड़ा। माँ खून से नहाई बेचेत पड़ी थी।

मैंने माँ को अपनी गोद में दबा लिया। और मेरी चीखे आसमान में कड़कती बिजली से टकराने लगी।

माँ ने कुछ हलचल-सी की। मैंने देखा माँ ने आँखें खोलीं और दो बार मानव, मानव कहकर फिर खामोश हो गई। मैं माँ-माँ पुकार रहा था पर माँ फिर बेहोश हो गई थी।

मैंने दाएँ-बाएँ, ऊपर-नीचे सब जगह देखा लेकिन मुझे इन्सान व भगवान कहीं से भी मदद की उम्मीद नजर नहीं आ रही थी। सुबह होने को थी और मैंने सोचा

शायद मुझे मदद के लिए दौड़ने की बजाए माँ को उठाकर सड़क तक लेकर चलना उचित रहेगा।

मैंने कुछ दूरी ही तय की थी कि माँ को फिर होश आ गया।

माँ मुझे सुरक्षित देखकर मुस्कराने लगी और शायद पलभर के लिए अपनी पीड़ा भूल गई थी।

तुम ठीक हो बेटे—माँ ने अपना खून से सना हाथ मेरे सिर पर फेरते हुए पूछा?

हाँ माँ मैं ठीक हूँ—मैंने कहा।

माँ ने मेरी गोद से नीचे आकर मेरे सहारे से चलना शुरू कर दिया।

हम सड़क पर पहुँचकर सहायता के लिए चिल्ला रहे थे परन्तु खून से सनी माँ को देखकर कोई सहायता हेतु पास नहीं आ रहा था।

मैंने माँ से पूछा कि ये सब क्या हो रहा है? हमारी इस अवस्था को देखकर कोई आगे क्यों नहीं आ रहा।

माँ ने कहा दुनिया की यही तो असली बढ़ती समस्या है बेटे। तुम्हें आगे चलकर इसी पर तो काम करना है।

पर तू चिन्ता मत कर मैं ठीक हूँ और चलती रहूँगी। ओर माँ लड़खड़ाती आगे बढ़ने लगी।

आखिर किसी तरह से हम हॉस्पिटल में पहुँच गए थे। हॉस्पिटल पहुँचते ही माँ फिर बेहोश हो गई थी और मैंने माँ को फर्श पर लिटा दिया।

हॉस्पिटल का मेरा पहला अनुभव था आखिर किधर व कहाँ जाना है, मैं कुछ नहीं समझ पा रहा था।

मुझे आस-पास सहायता की उम्मीद फिर नजर नहीं आ रही थी। मैंने एक सज्जन से डॉक्टर के बारे में पूछा और उसकी अँगुली इतनी तेजी से घूमी कि मैं कुछ नहीं समझ पाया।

मैं तेजी से एक दिशा में दौड़ा और एक जगह भीड़ को देख मैंने डॉक्टर को पुकारा पर वहाँ खड़े लोगों ने सांकेतिक भाषा से इन्कार कर दिया।

निराश मैं फिर तेजी से माँ की ओर दौड़ा। मैंने देखा कि माँ को फिर होश आ गया था और माँ एक सज्जन की मदद से उठने की कोशिश कर रही थी और सज्जन ने माँ को दीवार के सहारे बैठा दिया।

सज्जन ने बताया कि कोई नेता अपने रुटीन चैकअप के लिए आया हुआ है और सारे डॉक्टर उन्हीं के दाएँ-बाएँ घूम रहे हैं।

इतने में एक सफेदपोश लोगों का झुण्ड हमारी ओर आया और हमारे पास से आगे बढ़ गया।

डॉ...डॉ. साहब मैं चिल्लाया।

पर झुण्ड ने हमारी तरफ सरसरी-सी नजर फैलाई पर आगे निकल गया।

मेरे पहले ही हाथ-पैर सुन्न हो रहे थे, उनके इस व्यवहार से तो मैं सहम-सा गया।

मुझे लगा कि मैं शायद जानवरों के किसी बाड़े में पहुँच गया हूँ।

मेरी माँ के ऐसे दृश्य को देखकर यूँ निकलना मानवता के बिल्कुल विपरीत था पर मैं यहाँ किसी मंथन के मूड में नहीं था।

मैं झुण्ड के पीछे-पीछे दौड़ने लगा।

आखिर माँ जिन्दगी और मौत की पगडंडी पर पड़ी थी। बस करवट की देर थी और करवट का फैसला शायद इन डॉक्टरों के हाथ में था।

मैंने फिर कोशिश की और कोशिश ही क्या मैं गिड़गिड़ा रहा था क्योंकि इस वक्त मेरा एक ही प्रयास था कि किसी तरह माँ तक सहायता पहुँचे।

एक बार फिर कोशिश की और मेरा दूसरा प्रयास भी माँ तक सहायता पहुँचाने में विफल रहा।

आखिर मैं फायदा ना होता देख नेताजी से सहायता हेतु याचना करने लगा।

इतने में नेताजी का मोबाइल बज उठा और मुझे पीछे खींचकर फेंक दिया गया और झुण्ड आगे बढ़ गया।

मैंने माँ की तरफ नजर दौड़ाई वह तड़फ रही थी। मेरा गुस्सा दरवाजा तोड़ बाहर आ रहा था पर मैं बेबस था और मैं टूटे कदमों से माँ की तरफ आ गया। माँ की

आँखों में आँसू बह रहे थे। पर शायद अपनी पीड़ा से कम माँ मेरी गिड़गिड़ाहट से ज्यादा दुःखी थी।

रोती-तड़पती माँ को देख जैसे मेरा शरीर आग का एक गोला बन गया था। मैं सोचने लगा कि काश मेरे हाथ में एक तलवार हो और मैं सैकिण्ड के आधे हिस्से में झुण्ड की गर्दनें उड़ा दूँ।

मामला भगवान के कोर्ट में चले तो बदले में पृथ्वी पर दुष्टों का बोझ कम करने पर मुझे इनाम दिया जाए।

झुण्ड फिर हमारी तरफ आ गया और आगे बढ़ मैं नेता व डॉ. का गिरेबान पकड़ चिल्लाया साला 'नेता क्या भगवान है।'

अगर भगवान है तो इन्हें इलाज की क्या जरूरत और अगर इन्सान है तो मेरी माँ भी तो इन्सान है।

सारा झुण्ड मेरी ओर लपका पर नेताजी ने चुनाव का समय कहकर उन्हें रोक लिया।

नेताजी ने डॉक्टर की ओर कुछ सांकेतिक इशारा किया और हमें एक डॉक्टर मिल गया।

झुण्ड आगे बढ़ गया।

डॉक्टर मुझे ऐसे देखने लगा जैसे नरभक्षी हो और कई दिनों से भूखा हो।

दो अधेड़ उम्र की औरतें दवा व ग्लूकोज लिए हमारे पास आई और माँ को लगाने लगी।

डॉक्टर माँ के सिर पर लगी चोट का निरीक्षण व उस पर दवा पट्टी करने लगा। मुझे अपार शान्ति मिल रही थी पर शायद काफी देर से मिली थी। चल ला पर्चा दे—डॉ. ने कहा।

मैंने पैसे की असमर्थता और मजबूरी जाहिर कर दी।

डॉ. ने फिर नरभक्षी का रूप बनाया और उस अधेड़ औरत से ग्लूकोज की बोतल झटककर मेरे हाथ में थमाकर बोला चल फूटो यहाँ से।

मेरी साँसें फिर लम्बी होने लगीं पर इन साँसों में परिवर्तन का कोई फायदा नहीं होने वाला था।

मैंने देखा कि यहाँ से इससे ज्यादा की उम्मीद नहीं थी।

अबे सुना नहीं क्या यहाँ सब कुछ ऊपर से पड़ता है। कहकर डॉ. हमें धक्के देने लगा।

मैंने भी प्रतिक्रिया की सोची पर माँ ने कहा कि अभी समय नहीं आया है बेटे। मैं ठीक हूँ चल।

हमें हॉस्पिटल से बाहर कर दिया गया।

मेरी बेबसी के आँसुओं से भरी आँखें हॉस्पिटल को निहारने लगीं जैसे यह हॉस्पिटल ना होकर दुष्टों व पैसे वालों का एक बाड़ा हो।

मेरे हाथ में ग्लूकोज की बोतल थी और माँ मेरे कंधे से लटकी हुई थी। हमें सड़क पार करनी थी और सड़क पार करने के लिए ट्रैफिक हमें आधे सैकिण्ड का समय भी नहीं दे रहा था जबकि माँ को सड़क पार करने में 15 से 20 सैकिण्ड की जरूरत थी।

आखिर माँ के कमजोर पैरों ने ज्यादा देर तक साथ नहीं दिया और माँ वहीं लेट गई सड़क के किनारे। मैंने ग्लूकोज ऊपर उठा लिया ताकि वह चलता रहे। फुटपाथ पर आते-जाते लोग बड़बड़ा रहे थे कि कैसा जमाना आ गया है। लोगों ने कैसे-कैसे तरीके अपना लिए हैं भीख माँगने के।

मेरा स्वाभिमान मुझे कह रहा था कि मैं उन्हें ऐसे घूसा मारूँ कि वह दूसरी दिशा में पार कर जाएँ। पर क्या करता बोतल हाथ में उठाए अपनी तड़फती माँ को देखकर रोने के सिवा।

माँ ने आहिस्ता से गर्दन घुमाकर मेरी ओर देखा। अपने आँसू पोंछ बेटे।

माँ के लहजे में दृढ़ता थी और मैंने आँसू पोंछ लिए। आज के बाद इन आँखों में मैं बेबसी, लाचारी व दुःख के आँसू नहीं देखना चाहती—माँ ने कहा और उठने लगी।

माँ ने अपने कमजोर से शरीर में बची सारी ताकत अपने घुटनों पर डाल दी और कुछ मेरे सहारे से खड़ी हो गई। हमें सड़क पार करनी होगी बेटे चल—माँ ने कहा और माँ लड़खड़ाते कदम आगे बढ़ाने लगी।

गाड़ियों की पो, पी की ध्वनि से सारा वातावरण गूँज उठा जैसे हमने इनकी दिनचर्या में भारी रुकावट डाल दी हो। कुछ गाड़ियों वाले 'अबे मरना है तो कहीं और

जाके मरो ना, साले आ जाते हैं' कहकर अपना चरित्र बता रहे थे जबकि उन्हें माँ का दृश्य दिखाई दे रहा था। सिर पर पट्टी व ग्लूकोज इसके बाद भी ऐसी भाषा मैंने ऊपर भगवान की ओर देखा कि भगवान ये सबूत काफी है इनके राक्षस होने का, भस्म कर डालिए इन्हें।

आखिर किसी तरह हमने सफ्र रूपी किला फतेह कर लिया। सड़क के दूसरे छोर पर पहुँच कर माँ एक पेड़ के नीचे लेट गई और मुझे बोतल पेड़ से लटकाकर पानी का आदेश दिया। मैंने काफी तेजी से दौड़ लगाई और बीच चौराहे पर मेरी आँखें चारों ओर तेजी से घूम गईं पर यहाँ मुफ्त में पानी मिलने वाला नहीं था और फिर तलाश के लिए मेरे पास वक्त भी नहीं था।

इसलिए मेरे पास दो ही Option थे Request या फिर छीनना।

लेकिन शायद पहले मुझे Request पर जाना चाहिए। विश्वास तो नहीं था पर इन्सानियत के नियमानुसार ऐसा किया जा सकता था।

सो मैं एक दुकानदार के पास हाँफता हुआ पहुँचा और मैंने हाथ जोड़ लिए। इसके लिए मुझे मेरे स्वाभिमान से इजाजत लेनी पड़ी थी। शायद आते वक्त माँ के लिए सहायता हेतु फिर हॉस्पिटल और यहाँ ये हाथ जोड़ने का मेरा तीसरा मौका था। इसको भी भीख ही कहा जा सकता है। 'गिड़गिड़ाहट भीख के परिवार का ही सदस्य होता है' पर माँ से बढ़कर क्या था।

मैंने दुकानदार से प्रार्थना कि अंकल प्लीज मुझे एक पानी की बोतल दे दीजिए। मैं जरूर आपके पैसे चुका दूँगा लेकिन फिलहाल...और दुकानदार ने मुझे फिलहाल पर ही रोक दिया। मेरा पूरा वाक्य बनने ही नहीं दिया।

अबे चल फूट—दुकानदार ने कहा।

वह कितना कमीन था आधा तो उसका चेहरा भी बता रहा था और मैंने उसके गन्दे चेहरे से ही अन्दाजा लगा लिया कि गिड़गिड़ाहट में और मिर्च-मसाला डालने की जरूरत नहीं है। मैं आगे बढ़ गया। मैंने कुछ और दुकानदारों से रिहर्सल सी की पर वहाँ से भी पहले जैसी प्रतिक्रिया ही हुई। मैं वापिस मुड़ा लेकिन मेरे पास ज्यादा Option नहीं थे। पर मुझे लगा कि एक बार फिर कोशिश करनी चाहिए और मैं फिर घूम गया। मैंने फिर घुटनों पर बैठकर एक उच्च क्वालिटी की याचना की लेकिन दुकानदार ने मुझे जोर से धक्का दिया और मैं औंधेमुँह गिरा।

मेरा प्यारा होंठ जो याचना में मेरा साथ दे रहा था शायद उसको याचना की सजा मिल गई थी।

मैं सोचने लगा कि याचना के लिए तो भगवान ने दया को बनाया है लेकिन इन दरिन्दों ने उसके नियमों में स्वार्थ अनुसार परिवर्तन कर लिया है।

आखिर संसार में बहुत कुछ उलटा हो रहा है जो संसार के लिए अच्छा संकेत नहीं है पर इस वक्त मेरे पास मंथन का समय नहीं था।

अब बारी थी दूसरे Option छीनने की लेकिन तभी एक पानी की ट्राली दिखाई दी जिस पर मोटे शब्दों में लिखा था पानी 1 रु. प्रति गिलास। मुझे लगा शायद मेरी याचना में 1 रु. के बराबर वजन तो हो सकता है इसलिए मैं एक बार फिर याचना की शरण में गया और एक बार फिर रिलर्सल-सी हुई। मैं अब दोबारा की गलती नहीं करने वाला था क्योंकि मैं पहले ही अपने सुन्दर से होंठ का नक्शा बदलवा चुका था।

मैंने कुछ सैकिण्ड सोचा और ट्राली मालिक से कहा कि भैया अपनी सोच को 1 रु. से ऊपर उठाओ क्योंकि इधर 1 रु. उधर जीवन यानी आपने 1 रु. को जीवन से भी बड़ा मान लिया तभी तो आप लाखों-करोड़ों की नहीं सोच पाए।

तुमने अपने मस्तिष्क के 1 रु. के सिक्के के प्रवेश होते ही अपने कपाट बन्द कर लिए तभी तुम आज तक एक-एक रुपया इकट्ठा करते फिर रहे हो।

वो गुस्से से मेरी ओर देखने लगा और मैंने भी उसकी शक्ल जैसी शक्ल बनाई। पर मैं माँ के पास खाली कैसे लौट सकता था।

क्या मैं माँ की दो घूँट पानी की माँग को भी पूरा नहीं कर सकता। मैंने लम्बा सा साँस लिया और अपने आखिरी Option पर चल दिया।

मैं बिल्कुल फिल्मी अन्दाज से सीधा गया पानी की बोतल उठाई दुकानदार के चिल्लाने पर कोई ध्यान नहीं दिया और भाग निकला। मेरे पीछे उसने क्या प्रतिक्रिया की मुझे नहीं पता। मेरे हाथ में पानी की बोतल थी और मैं खुश था पर ये खुशी शायद थोड़ी ही देर के लिए थी। मैंने देखा कि माँ के पास एक पुलिसवाला खड़ा था और माँ उठने का प्रयास कर रही थी। मैं तेजी से माँ के पास गया।

अबे फूटो यहाँ से बुढ़िया को उठा और चलो यहाँ से—पुलिस वाला चिल्लाया।

माँ ने थोड़ा-सा पानी पिया और मैंने वापिस लिटा दिया।

अबे सुना नहीं तुम्हें, वह फिर चिल्लाया।

मैंने माँ से पूछा कि माँ भगवान के चक्र को इन दुष्टों ने उल्टा क्यों कर दिया, याचना के लिए तो उन्होंने दया को बनाया था।

बेटे ईश्वर के किसी काम में ये तुच्छ प्राणी मात्र कैसे परिवर्तन कर सकते हैं। चक्र तो वैसा ही घूम रहा है पर ये इन्सानों के लिए बनाया गया था लेकिन यहाँ इन्सान हैं कहाँ? ये सब तो जानवरों से भी बदतर हैं बेटे।

लेकिन जानवर हैं तो इन्सानों के कामों में क्यों अंगड़ा लगा रहे हैं। जंगलों में जाकर घास क्यों नहीं खाते। पर वहाँ जानवरों के साथ अन्याय होगा। तो ये कैसे हो माँ। इन जैसों का तो नष्ट होना ही सही समाधान है बेटे।

वह हमें खा जाने वाली नजरों से देख रहा था।

लेकिन हमारे यहाँ बैठने से ब्रह्माण्ड में किसी का क्या नुकसान हो रहा है। मेरी माँ घायल है कुछ देर आराम करके चले जाएँगे। मैंने उस दुष्ट पुलिसकर्मी की शक्ल की ओर देखे बिना कहा।

अबे क्या ब्रह्माण्ड लगा रखा है, उठा के फैंक दूँगा फूटो यहाँ से—वह भयानक तरीके से चिल्लाया।

पर क्यों? मैं चिल्लाया।

जोर से चिल्लाये राक्षस ने अपने डण्डे को ऊँचा उठाया और बोला तुम्हारे क्यों का जवाब हमारा ये देता है—उसने डण्डे की ओर इशारा किया।

फूटो नेताजी का हॉस्पिटल दौरा है—राक्षस चिल्ला रहा था।

हम जा रहे हैं साहब! चल बेटे—माँ ने कहा और माँ उठने लगी।

मैं सोचने लगा कि माँ के मुँह से इस राक्षस के लिए सम्मानजनक 'साहब' का उच्चारण हुआ। शायद इसने पिछले जन्म में कोई अच्छा काम किया होगा। इस जन्म में तो ये दुष्ट कैसे कर सकता है।

मैंने अपने गुस्से को फिर दबा लिया क्योंकि मुझे पता चल चुका था कि ऐसे लोगों से संसार भरा पड़ा है। शायद माँ सही कहती है अभी समय नहीं है।

माँ मेरे सहारे से धीरे-धीरे चलने लगी और मैं भगवान से विनती करने लगा कि ऐसे लोगों को वह नष्ट क्यों नहीं करता।

माँ कहने लगी कि बेटे गिड़गिड़ाने, प्रार्थना, हाथ जोड़ने से ये शातिर जानवर अन्दाजा लगा लेते हैं कि अगला तुम्हारा अधिकार क्षेत्र में है अथवा शून्य है और वह रोब जमाने या हमले कि लिए पूरी तरह सुरक्षित है। ये लोग हिंसक जानवरों के समान होते हैं जैसे हम हिंसक जानवर के सामने हाथ जोड़कर बैठ जाएँ और गिड़गिड़ाए तो भूखा हिंसक जानवर आएगा और हम खा जाएगा और अगर हम हथियार के साथ खूँखार की प्रतिक्रिया करेंगे तो बच जाएँगे और जानवर दुम दबाकर भाग जाएगा। बिल्कुल जानवर जैसी प्रतिक्रिया। पर अभी उचित समय नहीं आया है बेटे माँ मुझे समझा रही थी और हमने जंगलरूपी पार्क Cross कर लिया था पर आखिर अब हम इस अथाह सांसारिक सागर में जाएँ कहाँ। मेरी आँखों में आँसुओं ने आने की कोशिश की लेकिन मैंने रोक लिया।

आखिर मैं इस घायल देवी को लेकर जाऊँ कहाँ? माँ से भी क्या पूछूँ। पर माँ ने मेरी उलझन को पढ़ते हुए कहा कि वहीं चल बेटे जहाँ हम पहले थे।

और हम किसी तरह वहीं पहुँच गए। माँ को मैंने अपनी गोद में लिटा लिया।

'मानव' के साथ माँ ने मेरी ओर अपना चेहरा घुमाया और शायद माँ को गर्दन घुमाने के लिए भी ताकत लगानी पड़ रही थी। कुछ देर आराम करो माँ, बोलो मत। मैंने माँ के हाथ-पर-हाथ फेरते हुए कहा।

परंतु ये मेरा बोलने का और तुम्हारे सुनने का ही वक्त है बेटे। माँ ने अपना आँचल पकड़ने की कोशिश की और मैंने सहायता हेतु आँचल पकड़ा दिया।

माँ ने आँचल में एक गाँठ के रूप में कुछ लिपटा रखा था। ये ले बेटे ये मेरा तुम्हारे लिए आगे का आदेश है। माँ ने सावधानीपूर्वक गाँठ में प्लास्टिक की पन्नी में कागज के दो पेज रख रखे थे।

माँ ने बैठने की कोशिश की और मैंने माँ को सहारा दे दिया। माँ शायद मुझे कुछ समझाना-दिखाना चाहती थी। माँ ने कागज का पेज खोला जो कुछ इस प्रकार से था...

ध्यान से देख बेटे। बताते हैं लाखों वर्ष पहले हम इन्सान भी जानवर ही थे।

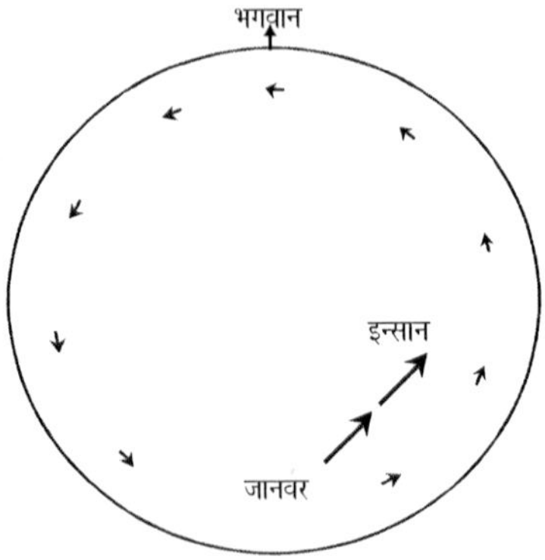

फिर ये प्राणी मेहनत करता गया और वह बाकी जीवों से ऊपर उठता-उठाता एक दिन इन्सान बन गया और उसे तरक्की करते-करते सीधा भगवान की ओर जाना था लेकिन बेटे वो गोल घूम गया। ये सीमा देख रहे हो बेटे माँ ने बाहर के चक्र पर अपनी काँपती अँगुली घुमाई।

यह मेहनत, संघर्ष की Boundry है। बेटे उसे सीधा ईश्वर में जाकर मिलना था लेकिन ये स्वार्थ के आगोश में समाता गया। बाद में संघर्ष से वह स्वार्थ हेतु समझौता करता गया और पीछे हटता गया और वापिस जानवर बन बैठा और बनता जा रहा है।

तुझे जानवर की ओर बढ़ते इन्सान को रोकना है बेटे। तुम्हें इस लुप्त होती इन्सानी प्रजाति को बचाना होगा बेटे।

माँ ने मुझे दूसरे कागज की दुनिया को दिखाया जो कुछ इस प्रकार से थी।

माँ ने बताया कि मैंने अपने अनुभव से इस संसार को छः परिवारों से बाँटा है।

माँ मुझे समझाने लगी...

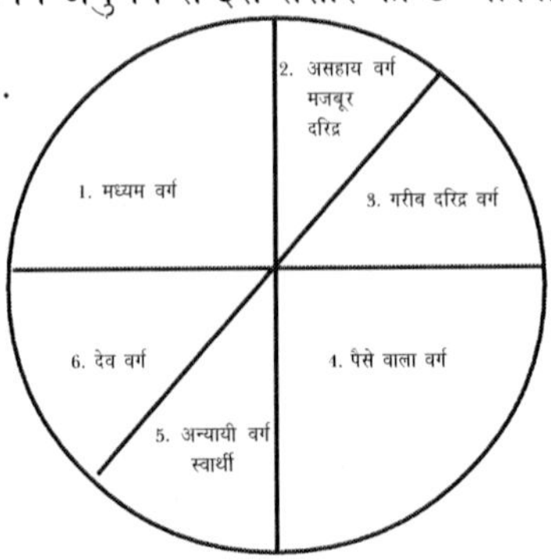

नं. 1 मध्यम वर्ग—यह परिवार अपने व सिर्फ अपने परिवार यानी अपनों तक ही सीमित है। इतना-सा काम उन्हें इन्सान वर्ग में लाने या कहलाने में सक्षम नहीं है। ऐसा तो बेटे जानवर भी कर रहे हैं इसलिए वह वहीं तक सीमित हैं। तुम्हें आगे चलकर इसका दायरा तोड़ना होगा।

नं. 2 असहाय मजबूर दरिद्र वर्ग—तुम्हें इस परिवार को अपना परिवार बनाना है। इस वर्ग की सहायता व सेवा के लिए सदैव तैयार रहना होगा।

हम इसे भगवान वर्ग भी कह सकते हैं क्योंकि इसी वर्ग में भगवान का बसेरा होता है इसलिए बेटे तुम्हें साधारण बनकर नहीं रहना और हाँ याद रखना बेटे दुःखी चाहे इन्सान हो या पशु-पक्षी सभी में भगवान व हो सके तो मेरी छवि देखना। आगे चलकर ये वर्ग तुम्हारे लिए आदरणीय होना चाहिए।

नं. 3 गरीब दरिद्र वर्ग—यह आँखें होते हुए भी अंधा वर्ग है। इन्हें पता ही नहीं कि ये मनुष्य हैं और वह कितने मूल्यवान व ताकतवर योनि में जन्मे हैं। तुम्हें उन्हें उनकी ताकत समझानी होगी।

ये परिवार भी इन्सान होते पशु से भी बदतर बना पड़ा है सो इसे पशुओं से ऊपर उठाने की दिशा में काम करना।

नं. 4 पैसे वाला वर्ग—यह मेहनती वर्ग तो है बेटे, पर दुनिया का सबसे मूर्ख वर्ग भी है। यह वर्ग पैसा इकट्ठा कर उसका ढेर लगाकर रखता है कि मौत के वक्त ये ढेर या तो यमराज को दे देगा या फिर भगवान को रिश्वत के रूप में देकर तत्काल दूसरा जन्म लेकर इस पृथ्वी पर ऐश भोगने आ जाएगा, लेकिन बेचारा कुछ नहीं ले जा पाता।

बेटे तुम्हें इस वर्ग को यह अहसास दिलाने के लिए काम करना है कि आज तक न तो कभी हुआ है न और कभी होगा।

ये वर्ग सिर्फ अपने मनोरंजन के लिए जीता है। दूसरा कोई जीव किसी हालात में रहे इन्हें कोई फर्क नहीं पड़ता है। ये हमेशा दौलत के नशे में झूमता रहता है। पैसा ही इसका एकमात्र सम्बन्धी है।

नं. 5 देव वर्ग—बेटे यह प्रजाति लुप्त होने के कगार पर है और अगर बेटे ये लुप्त हो गई तो ये पृथ्वी शायद जीवविहीन ही हो जाए। इसमें कोई आश्चर्य नहीं। विनाशकारी प्रलय को शायद इसी ने रोक रखा है। तुम्हें इसकी पैदावार हर हाल में बढ़ानी होगी। यह तुम्हारे जन्म का उद्देश्य है बेटा इन्सानी प्रजाति को बचाना।

नं. 6 अन्यायी वर्ग—स्वार्थी वर्ग—ये वो वर्ग हैं बेटे जो संसार में किसी का नहीं। लट्ठ के सिवा किसी को अपना साथी नहीं बनाता। लाठी को यह बहुत इज्जत देता है। इनसे अगर पूछा जाए कि भगवान ने संसार में इज्जत किसके लिए बनाई है तो ये कहेगा कि लाठी के लिए।

यह वर्ग माँ, बाप, बहन, सगे-सम्बन्धी और समाज की तो बात करना बेकार है, जरूरत पड़ने पर यह सबको डस डालता है। अगर बेटे यह बढ़ता गया तो एक दिन इन्सानों सहित सभी प्रजाति नष्ट हो ही जाएगी। हर किसी को नष्ट करता-करता यह अपने-आप भी नष्ट हो जाएगा।

इसलिए हे मानव, इस वर्ग को तहस-नहस करने का जब भी अवसर मिले तो जरा भी ना हिचकिचाना, आगे बढ़कर नष्ट कर डालना।

फिर माँ ने अपने कमजोर सफेद पड़ गए काँपते हाथों से मेरा हाथ थामा और कहा हे बेटे मैं तुम्हें मजबूर नहीं करूँगी और इन्सान पर मजबूरी लादी भी नहीं जा सकती।

पर ये इन्सानी कर्म व रास्ते हैं बेटे। तो क्या मेरा मानव ये सब करने की दिशा में बढ़ेगा—माँ ने कंपन करती जुबान से पूछा?

मैंने कहा—माँ ये शरीर तुम्हारा दिया हुआ है। ये संसार मुझे तुमने दिखाया है तो हे माँ, जब तक इस शरीर में प्राण रहेंगे वह मेरी माँ के आदेशों का पालन करते रहेंगे—कहते हुए मैंने माँ का काँपता हाथ चूम लिया।

हे बेटे, याद रखना 'मानव' ये शब्द तो तुम्हारे इस शरीर के ढाँचे का नम्बर है। आने वाला कल साबित करेंगे कि तू जानवर बनता है या राक्षस, मानव या महामानव।

मैंने माँ से पूछा, माँ इन दुनिया में महामानव से बड़ी भी कोई चीज होती है। सबसे बड़ा क्या होता है माँ?

सबसे बड़ा तो बेटे भगवान होता है।

तो तेरा बेटा एक दिन बड़ा होकर 'भगवान' बनेगा माता 'भगवान'। मैंने माँ के दोनों हाथों को पकड़कर उच्च स्वर में दोहराया।

पर मेरे मानव का उद्देश्य तो नामुमकिन-सा है बेटे—मुस्कराती माँ ने कहा।

नामुमकिन और नामुमकिन-सा में बहुत फर्क होता है माँ और फिर आप ही ने तो सिखाया है कि इन्सान के लिए इस दुनिया में कुछ भी नामुमकिन नहीं।

आपने मुझे नामुमकिन और मुमकिन करना सीखा दिया है माँ। मैं तुम्हारी मेहनत व्यर्थ नहीं जाने दूँगा माँ–मैंने माँ के माथे पर हाथ घूमाते हुए कहा।

भगवान तुम्हें अपने उद्देश्य में कामयाबी दे बेटे–माँ ने मुस्कुराहट के साथ काँपता हाथ मेरे सिर पर रख दिया।

हे मानव, अगर तू ऐसा करने में कामयाब हुआ तभी मैं ईश्वर से कह सकूँगी कि मैं भी संसार को कुछ देकर आई हूँ और मेरा जन्म व्यर्थ नहीं गया। तभी मैं भगवान से आँखें मिला सकूँगी बेटा। हे मानव तुम्हें अपनी माँ को शर्मिन्दा होने से बचाना होगा कहकर माँ मुस्कराने लगी।

माँ मैं चाहूँगा कि ईश्वर मेरी माँ को 'प्रणाम' करे।

अब मुझे इजाजत दे बेटे मेरी परीक्षा का समय खत्म हो गया लगता है–माँ ने कहा और जैसे मेरे शरीर के चिथड़े-चिथड़े उड़ गए हों।

मैंने माँ को अपनी बाँहों में जकड़ लिया। मुझे विश्वास था कि दुनिया की कोई शक्ति मेरी मजबूत बाँहों से माँ को छिन नहीं ले जा पाएगी।

मैंने देखा माँ आँखें खोलने के लिए भी संघर्ष कर रही थी। मेरे मुँह से चीख निकल गई।

रोना नहीं बेटे, मैंने इस संसार को इतना कमजोर मानव नहीं दिया। हे बेटे जीवन की ये महान लड़ाई दूसरे के कंधे पर बन्दूक रखकर नहीं जीत सकते।

हे बेटे, ये जीवन का सफर हम दूसरे की अंगुली के सहारे नहीं तय कर सकते इसलिए जागना बेटे दौड़ना तेज, सबसे तेज बेटे सबसे तेज–माँ चिल्लाई। मुझे लगा जैसे माँ अपना आखिरी जोश व ऊर्जा मेरे अन्दर डाल रही हो।

माँ ने काँपते हाथ से मिट्टी उठाई और कहने लगी–हे धरती माँ एक माँ तुम्हारी गोद में प्यारा-सा पुत्र डाल के जाती है। इसका ख्याल रखना, धरती माँ ख्याल रखना।

माँ ने अब अपने हाथ ऊपर की ओर उठा लिए और कहने लगी–हे भगवान, आपको तो पता ही होगा कि आपका ये बेटा इस संसार के लिए कितना जरूरी है व कीमती है।

अगर ऐसा है तो भगवान इसका ख्याल रखना। मुझे पता है ईश्वर कि आपको बताने की जरूरत नहीं। आपको आदेश देकर मैं आपका अपमान कर रही हूँ परन्तु भगवान मैं एक माँ का कर्तव्य पूरा कर रही हूँ। इसके साहस, धैर्य, हिम्मत को अपने दोनों हाथों से सम्भाले रखना मैं जानती हूँ। भगवान इस पृथ्वी पर प्राणी को खुद ही रक्षा करनी पड़ती है पर अभी ये कच्चा है ईश्वर। इस विशाल संसार में तुम्हारे सिवा इसका कोई नहीं है। इसलिए हे ब्रह्माण्ड रक्षक इसको उद्देश्यों से भटकने मत देना। हे ईश्वर मेरे बेटे को अपने चरणों में स्वीकार्य करो...स्वीकार्य करो—माँ ने दोहराया और माँ का मुँह खुला-का-खुला रह गया। उनकी आँखें स्थिर हो गईं। ऊपर उठे हाथ नीचे आ गिरे। माँ के साथ मैं चीख पड़ा पर शायद माँ मेरी चीख से बहुत दूर जा चुकी थी।

मैं हक्का-बक्का रह गया। मेरी साँसें उखड़ गईं। मुझे कुछ समझ में नहीं आ रहा था कि मैं क्या करूँ और शायद कुछ करने को बचा भी नहीं था।

तूफानी बारिश फिर शुरू हो चुकी थी। मेरे हाथ में मिट्टी थी।

हे धरती माँ क्या तुम्हारा सीना मेरी माँ बदरंग कर रही थी या मेरी माँ के भार ने तुम्हें थका डाला था। हे अदृश्य शक्ति अगर शक्ति है तो मुँह छिपाकर क्यों मेरी माँ के प्राणों को लेकर जा रही हो। प्रकट हो और युद्ध कर। हे भगवान युद्ध कर मुझसे।

हे भगवान, इस संसार में भी क्या राक्षसों की कमी थी? क्या आप भी उनसे डरने लगे हैं। मेरी माँ लौटा दे भगवान मेरी माँ लौटा दे।

मैंने माँ के मृत शरीर को जकड़ रखा था और मैं बेसुध सा होने लगा मेरा सिर माँ के सीने पर आ टिका।

* * *

मैं एकदम हड़बड़ा उठा। मैंने देखा सुबह हो चुकी थी और माँओ मेरा हाथ पकड़कर हिला रहा था। शायद सारी रात बारिश हुई। माँ के शरीर के साथ मेरा भी आधा शरीर बारिश से बहकर आई मिट्टी में दब गया था। मेरा सारा शरीर बुरी तरह काँप रहा था।

मैंने देखा सामने से शिवा, विवान व आरिफ सहित बस्ती के लोग भी दौड़े आ रहे थे।

आखिर माँ का अन्तिम संस्कार कर दिया गया।

माँ की चिता की लपटों से दुःखी मेरा अन्तःकरण चीख रहा था। मेरा रोम-रोम माँ से अपनी गलती मान रहा था कि हे माँ बगैर सिर पर छत की वजह से आज बे-समय तुम्हें ये संसार छोड़कर जाना पड़ा है। इसका माँ कुछ हद तक मैं भी जिम्मेदार हूँ। पर हे माँ मैं तुम्हारा परलोक सुधारने की जरूर कोशिश करूँगा। मुझे माफ करना माता! मुझे माफ करना।

कुछ बस्ती वाले और मेरे दोस्त मुझे अपने साथ चलने के लिए बोल रहे थे लेकिन फिलहाल कुछ समय के लिए मैंने उन्हें मुझे अकेला छोड़ देने के लिए बोला। आखिर बस्ती वाले चले गए लेकिन मेरे दोस्त मुझे साथ चलने की जिद्द पर अड़ गए और मैंने उन्हें कुछ समय के लिए मुझे अकेला छोड़ देने के लिए मना लिया। मैं पहाड़ी की ओर चल पड़ा।

मेरे चारों ओर भारी कोहरे ने मुझे ऐसे घेर लिया था जैसे ये बारिश का कोहरा न होकर समस्याओं ने मुझे घेर लिया हो।

पर माँ मुझे बढ़ना सिखा गई थी और अगर साधारण चश्मे से देखा जाए तो मेरे सामने समस्याओं का ढेर लगा था। समस्याओं के कीटाणु मुझे चारों तरफ रोक और उठाकर तहस-नहस करने के लिए मचल रहे थे।

पर माँ मुझे असाधारण नजर देकर गई थी। उससे अगर देखा जाए तो बात एक युद्ध की थी। हमारा और दरिद्रता का युद्ध जो कई वर्षों से चल रहा था और इस युद्ध में मेरी माँ वीरगति को प्राप्त हुई थी परन्तु इस दरिद्रता-रूपी दानव को अभी विजेता घोषित नहीं माना जाए, क्योंकि युद्ध अभी चल रहा था।

युद्ध में जीत एक की ही होती है। मेरा और माँ या दरिद्रता की और मुझे किसी भी सूरत में माँ के बलिदान को व्यर्थ नहीं जाने देना है। मेरे रहते अगर माँ पराजित हुई तो इस संसार में ऐसी कोई तुच्छ चीज नहीं जिससे मेरी तुलना की जा सकेगी इसलिए मैं लड़ूँगा और विजेता बन निकलूँगा।

आखिर ये तुच्छ-सी दरिद्रता-रूपी समस्या मानव को नहीं हरा पाएगी।

मैं तहस-नहस, लहुलुहान हुआ एक साधारण सैनिक की तरह पहाड़ी पर चढ़ा था और एक वीर योद्धा की तरह पहाड़ी से नीचे उतरने लगा।

* * *

मैंने निश्चय किया कि मुझे माँओ व उन दरिद्र असहायों के साथ रहना है। आखिर माँ मुझे इनकी जिम्मेदारी सौंप कर गई थी और मैं माँओ के डेरे की ओर चल पड़ा।

सभी साथी मुझे पाकर खुशी से मुस्कुरा कर चिपक रहे थे पर माँओ के आँसू अभी भी बह रहे थे।

रोओ मत माँओ, मैंने माँओ के आँसू पोंछे और उसे अपनी गोद में दबा लिया।

मैंने जीवन की गाड़ी को निडरता, साहस के साथ आगे बढ़ाने का फैसला किया। मैंने माँ द्वारा सौंपे गए काम को व माँ को दिए वादे को ध्यान में रखकर आगे की जिन्दगी का टाइम टेबल (ऐजेण्डा) बना लिया था और अपनी व इन असहाय बच्चों की अजीविका चलाने के लिए मैंने माँ का बिजनिस शुरू कर दिया। मेरा टाइम टेबल माँ से अलग था। मैं स्कूल से आते वक्त प्लास्टिक इकट्ठी करने का काम करने लगा था।

माँ की आवाज सुबह स्वर्ग से भी सुबह 4 बजे मेरे कानों तक पहुँच जाती थी और मैं पहाड़ी, स्कूल, बिजनिस तीनों के साथ गम्भीरता व साहस के साथ आगे बढ़ने लगा।

* * *

आखिर स्कूल में एक बड़ा Sports Competition होने जा रहा था और मैं भी अपने कार्य की छोटी-सी शुरुआत करना चाहता था।

प्रतियोगिता में हिस्सा लेने के लिए स्कूल में बच्चों का चयन किया जा रहा था।

मैं दौड़ कर हमारे Sports Teacher के पास गया Sir मुझे भी दौड़ना है।

अरे नहीं-नहीं तुमसे कुछ नहीं होगा–Teacher ने भद्दा-सा चेहरा बनाते हुए कहा।

मैं हमारे Head Teacher की ओर दौड़ पड़ा।

मैंने हमारे Head Teacher से कहा Sir में दौड़ना चाहता हूँ और मैं आपको यकीन दिलाता हूँ कि मैं जीतूँगा और Head Teacher ने मुझे ऊपर से नीचे तक देखा।

बेटे! ये बच्चे बाहर से कोचिंग करके आए हैं और दूसरी तरफ तेरे पैरों में जूते तक नहीं। ये जीतेगा मूर्ख Head Teacher ने दूसरे साथी Teacher की

ओर देखते हुए ऐसी हँसी हँसने लगा जो मुझे थप्पड़ से भी हजार गुना बुरी लग रही थी।

मैं सोचने लगा कि मूर्ख मैं नहीं ये लोग हैं जो बगैर किसी निरीक्षण के सिर्फ बाहरी आवरण देखकर उसे विजेता व पराजित घोषित कर रहे थे।

मुझे उनकी मूर्खता पर दया की जगह गुस्सा आ रहा था कि कितना बड़ा जिन्दगी का हिस्सा बीत जाने पर भी वह इन्सान का बाहरी ढाँचा देखकर फैसला कर रहे थे और शायद इस मूर्खता को इन्होंने बहुत बार दोहराया भी होगा।

Sir मैदान में जूते नहीं हौसला दौड़ता है। आप लोग मेरी ही नहीं किसी की भी जाँच करके ही उसे पत्थर या हीरा घोषित कर सकते हैं और हाँ Sir भगवान ने आपकी Duty एक महत्वपूर्ण स्थान पर लगाई है जहाँ गलती या इस प्रकार की मूर्खता की कोई गुंजाइश नहीं है। आपके पास सारे हीरे आते हैं जो इस उम्र तक पत्थर के आवरण में लिपटे होते हैं। जिन्हें तराशने की जिम्मेदारी और उन्हें हीरे की शक्ल देने के लिए ही सरकार आपको फीस देती है। झिड़ककर फैंकने का मतलब एक कोहिनूर समुन्द्र में फैंककर नष्ट करना क्योंकि बालरूप पत्थर में छुपा हीरा ही है और आप यहाँ जो भी उठाएँगे पत्थर जैसे ही मिलेंगे।

इसी के साथ मैंने मूर्खों के पास से अपने कदम बढ़ा दिए और दो-चार कदम के बाद देखा कि सभी Teacher एक-दूसरे की ओर देख रहे थे शायद आज जैसा कड़ा एवं सच्चा अनुभव अपनी जिन्दगी में पहली बार कर रहे थे।

मेरे साथ मेरे दोस्तों के चेहरे भी उतर गए थे। Coach ने सर्वश्रेष्ठ के चुनाव के लिए ट्रायल शुरू कर दिया था और मेरे पैर उन लड़कों के ऊपर से उड़ जाने के लिए फड़क रहे थे।

हम इस उधेड़बुन में घूम रहे थे कि क्या किया जाए तभी विवान दौड़ता हुआ आया।

मानव मैंने सुना है कि कल आखिर में ऐसी दौड़ भी होगी जिसमें छोटा, बड़ा, स्कूल का या बाहर का कोई भी हिस्सा ले सकता है और उसे सबसे बड़ा ईनाम दिया जाएगा। पर क्या तुम...

तुम क्या सच कह रहे हो विवान—मैंने उसे 'क्या तुम पर ही' रोकते हुए पूछा।

हाँ मानव ऐसा मैंने पक्का सुना है।

इतने में शिवा और आरिफ ने भी यही बात दोहराई और जैसा मेरा ठण्डा पड़ गया शरीर फिर से लावा बनने लगा।

मेरे दोस्तों ने फिर दोहराया पर मानव क्या तुम...

मेरी माँ मुझे क्या तुम पर नहीं छोड़ के गई। वह मुझे शिखर की परिभाषा देकर गई है...मैंने उन्हें रोकते हुए कहा।

लेकिन बात अब जूतों पर थी जो इस प्रतियोगिता में अनिवार्य थे। मेरे दोस्तों के पास भी जूते नहीं थे। और इसी उधेड़बुन में हम अपने-अपने घरों की ओर चल दिए।

* * *

जूतों की कशमकश मेरी नींद पर भारी पड़ रही थी। माँओ मेरी तरफ देख रहा था और शायद वह भी माँ की तरह मेरी अन्दर की हलचल पढ़ने लगा था। कल एक बड़ी प्रतियोगिता है। माँओ और मेरे पास जूते नहीं हैं। वे लोग जूतों के बगैर दौड़ने नहीं देंगे।

लेकिन मैंने तुरन्त सोचा कि मैं माँओ को यह सब क्यों बता रहा हूँ। उसकी उदासी के लिए इतना काफी था।

पर माँओ ने थोड़ा-सा मेरे से आगे सोचते हुए अपनी आँखें तिरछी करते हुए कचरे की तरफ इशारा किया।

मैंने कहा तुम्हारी कोशिश तो ठीक है पर शायद जूतों के बराबर नहीं है।

कोई बात नहीं माँओ तू उदास मत हो, हम दौड़ेंगे और मैंने उसे सोने के लिए बोला।

* * *

जागो उठो दौड़ो तेज सबसे तेज।

आज का दिन तुम्हारे लिए बहुत महत्वपूर्ण है लेकिन निराश होने की आवश्यकता नहीं। आज जीते तो शुरुआत, हारे तो कल फिर जीत होगी।

इसलिए उठो मानव उठो के साथ माँ के वेशकीमती स्वर मेरे कानों में पड़ रहे थे। मैं माँ से हाय हैलो करना चाहता था लेकिन बोल नहीं पा रहा था।

माँ कह रही थी–दुनिया में ऐसी कोई चीज नहीं जिसका कुछ न कुछ महत्त्व ना हो। आखिर कचरे में भी कुछ-न-कुछ छिपा हो सकता है। माँ जोर से मुझे खदेड़ रही थी और मैं फड़क कर उठा, देखा कि माँओ मुझे हिला रहा था और मैं सपना देख रहा था पर शायद माँ दाएँ-बाएँ ही थी।

चल माँओ और हम सीधे हमारे कचरे के ढेर पर थे। हमने जूतों के लिए कचरे का निरीक्षण शुरू कर दिया। आखिर माँओ चिल्लाया।

मैंने देखा कि उसने एक जूते जैसी चीज ढूँढ़ निकाली थी। वह बिल्कुल फटेहाल था इसलिए मैं उसे जूते जैसा ही कह सकता हूँ। पर एक राहत भरी साँस के लिए शायद काफी था। आखिर एक और जूता हमें मिल गया था पर उसके नीचे की टोह नहीं थी। माँओ ने अपनी गर्दन नीची करते हुए जूते के तल को देखा और निराशा में हाथ हिलाया।

पर ये हमें प्रतियोगिता में हिस्सा दिलाने के लिए काफी है।

माँओ तू निराश ना हो। मैंने माँओ का कंधा थपथपाते हुए कहा।

मैं और माँओ तेजी से मोची की खोज में बढ़ गए क्योंकि हमें उनको बस एक बार पहनने लायक बनाना था। इन्हें बस एक गेट पास का सा रोल करना था।

आखिर मोची को लेकर भी हमारी खोजबीन खत्म हुई। हमने उसे ढूँढ़ निकाला पर मोची ने कचरे को चारों ओर से देखकर असमर्थता जाहिर कर दी।

माँओ का मुँह फिर लटक गया।

मैंने मोची से पूछा अंकल आपके पास मोबाइल है?

हाँ। उसने झट से अपनी जेब से बाहर निकाला।

मैंने मोबाइल को मोची के हाथ से झपट लिया और मोची ने उठने जैसी क्रिया की।

छीनने का कोई इरादा नहीं है। आप शान्त रहें अंकल–मैंने हँसते हुए मोची से कहा।

इसे ध्यान से देखें अंकल मैं मोबाइल उसकी आँखों के सामने घुमाने लगा। इससे आप यहाँ बैठे समुन्द्रों पार अमेरिका भी बात कर व देख सकते हैं हैं ना। मैंने पूछा?

और मोची ने सिर हिलाया शायद कोई बड़ी बात नहीं। लेकिन बड़ी बात यह है कि ये भी तुम्हारे जैसे दो आँख, दो हाथ यानी तुम्हारे जैसे इन्सान का ही बनाया हुआ है।

ऐसा ही है ना—मैंने मोची से तेज आवाज में पूछा और मोची की गर्दन ने हाँ का चिह्न बनाया।

तो जब तुम्हारे जैसे इन्सान ने यह बनाया है तो क्या तुम इन्सान नहीं हो? क्या तुम इतना छोटा-सा काम भी नहीं कर सकते।

मोची कभी मोबाइल तो कभी जूते की ओर देखने लगा। कुछ ही क्षण में उसने देखने की चुप्पी तोड़ी और जल्दी-जल्दी कचरे को जूते की शक्ल देने लगा।

मैंने माँओ की तरफ देखा आखिर उसने मुस्कराहट के साथ लम्बी-सी साँस ली।

कुछ ही देर बाद मोची ने कचरे को जूते का एक अच्छा रूप दे दिया था अब कोई उसे सिवा जूता और कुछ कह ही नहीं सकता था। मैंने उसकी मेहनत को तोलकर उसका मूल्य आगे बढ़ाया पर मोची ने लेने से मना कर दिया। पर फिलहाल हमारे पास वक्त नहीं था इसलिए मैंने निश्चय किया कि अगर में जीता तो इसका हिस्सा इसे देकर जाऊँगा।

हम मंथन में खोए मोची को छोड़कर प्रतियोगिता स्थल की ओर लपके। स्थल से भारी शोरगुल दूर से ही आ रहा था। विवान, शिवा, आरिफ मेरा इंतजार कर रहे थे।

मानव तुम कहाँ रह गए थे। हमारे स्कूल का कोई खिलाड़ी सफल नहीं हो सका—विवान ने कहा।

ये तो मुझे कल ही पता चल गया था—मैंने दोस्तों से कहा।

कल ही...?

हाँ क्योंकि हमारे सैलेक्टरों जैसी सोच के कामयाब होने के न के बराबर अवसर होते हैं।

आखिर एनाउंसरों की एनाउसमेंट ने मेरा इन्तजार खत्म कर दिया और मेरी साँसें बढ़ा दीं।

मेरे दोस्त मेरा उत्साह बढ़ाने लगे और। मैं माँ और भगवान को याद कर ट्रैक की ओर बढ़ा।

मैंने देखा कि मेरे प्रतिद्वन्द्वी मुझे नजरें गाढ़-गाढ़ कर देख रहे थे। कुछ व्यंग्यात्मक हँसी हँस रहे थे। कोई कह रहा था कि ये पैरों में आकर गिरने का काम करेगा इसलिए इसे पीछे धकेलना चाहिए।

वह मुझे धक्का देने लगे और आयोजकों ने भी उसकी राय में राय डालते हुए मुझे पीछे धकेल दिया। बेटे ये बच्चों का काम नहीं, आप बच्चों वाले बैच में क्यों नहीं दौड़े। आयोजकों में से एक ने कहा।

मैं सोच रहा था कि वहाँ भी तुम जैसे आइडियाधारी जमा थे आखिर मुझे सबसे पीछे धकेल दिया गया पर हिम्मत हारना माँ मुझे सिखाकर ही नहीं गई थी।

Watch सीटी के साथ सभी ने अपनी-अपनी पोजिशन पकड़ ली और Go के साथ सभी ने अपने-अपने कदम फेंकने शुरू कर दिए। Go के रूप में आने वाली आवाज को मैंने गरीबी और दरिद्रता के साथ जोड़ दिया।

हमें इस विशाल मैदान के दो चक्कर लगाने थे और इन लम्बे-लम्बे ताकतवर धावकों ने मुझे काफी पीछे छोड़ दिया था।

हमारा आधा सफर पूरा हो चुका था और मेरे जूते का तल भी टूटकर गिर चुका था। मैदान की मोटी लाल बंजरी ने मेरा पैर छील दिया। मुझे लगा शायद उसमें से खून बहने लगा हो। लेकिन यह तनिक सी समस्या मेरे बढ़ते कदमों को न धीमा कर सकती थी और न रोक सकती थी।

भीड़ के इस दरिया में मेरे लिए शायद मेरे दोस्त व माँओ ही चिल्ला रहे थे व माँ की आवाज मेरे कानों में गूँज रही थी।

दरिद्रता के दरिया से निकलने व कुछ दिन और पड़े रहने का फैसला चन्द सैकेण्ड में होने वाला था। मैंने अपना सब कुछ झोंक दिया मुझे ऐसा लग रहा था कि जैसे मैं दौड़ नहीं उड़ रहा था और मैं Ist Position पर दौड़ रहे एथलीट के पास आ गया था। चन्द ही सैकिण्ड में मैंने हजारों लोगों का विचार बदल दिया उन्हें अपने पक्ष में चिल्लाने को मजबूर कर दिया।

आखिर मैंने इस बेपरवाह धावक के पास से गुजरकर अच्छे फासले से जीत दर्ज कर ली।

मैंने अपने घुटने जमीन पर टिका दिये और–स्वर्ग में बैठी माँ को प्रणाम किया और भीड़ मुझे बाँहों में जकड़ने के लिए दौड़ पड़ी।

भीड़ में मेरी आँखें माँओ व दोस्तों को खोजने लगीं। मुझे चिंता थी भीड़ कहीं माँओ को कुचल ना डाले। आखिर भीड़ ने मुझे साँस लेने की आज्ञा दी और मेरी आँखें माँओ व दोस्तों को खोजने में कामयाब हुईं।

माँओ का चेहरा आँसुओं से भीगा हुआ था और वो मेरे गले से चिपट गया। एनाउंसरों की जुबान पर सिर्फ मेरा ही नाम तैर रहा था और माइक मुझे स्टेज पर आने की आवाज फैंक रहे थे।

मैं स्टेज की ओर बढ़ गया। आयोजकों के साथ भीड़ ने जैसे पैसे की बरसात कर दी थी। मैंने पहली बार मेहनत की ताकत देखी थी जिसने आसमान से पैसे की बारिश कर दी थी। मुझे Prize से कई गुना ज्यादा पैसा दिया जा रहा था।

मेरे Teachers के साथ सभी लोग मेरी पीठ ठोंक रहे थे। Teachers को शायद अब तो शिक्षा मिल गई होगी कि किसी चीज को जाँच-परख के बगैर कचरे के ढेर में फैंकना या गले लगा लेना सिर्फ हानिकारक अफसोस ही लेकर आता है।

मैं तनिक सोचने लगा कि यह मानव जाति का एक स्वार्थ ही है शायद सभी जीत को छूना चाह रहे हैं। जीतने वाला तो वैसे ही आत्मविश्वास व जीत की खुशी से सरोबार रहता है। असल साथ की जरूरत तो हारने वाले को होती है ताकि आत्मविश्वास तोड़ने, हीनता, निराशा जैसे कीटाणुओं को अन्दर प्रवेश करने से रोका जा सके।

Teachers के साथ कुछ अजनबी लोग मुझसे मेरा पारिवारिक बायोडाटा पूछ रहे थे। आखिर ये लोग जो पूछ रहे थे उसमें से मेरी जीत व मेरे सिवा कुछ नहीं था।

मैंने उनको अपना ठिकाना Practice स्थल व आजीविका का साधन बता दिया था। अजनबियों की आँखें फटी-की-फटी रह गईं और उन्होंने मेरा माथा चूम लिया।

शायद हमें कचरे के ढेर से हीरा मिला है–एक अजनबी ने मेरा माथा चूमते हुए कहा।

हमारा देश कितना महान है जहाँ ऐसे कोहिनूर तो कचरे के ढेर में दबे पड़े हैं।

परन्तु जहाँ प्रतिभा कचरे के ढेर में दबी पड़ी हो उस देश को महान कैसे कहा जा सकता है–दूसरे अजनबी ने कहा।

इस पर मैंने कहा कि Sir प्रतिभा को कचरा तो क्या स्वयं भगवान भी नहीं दबा सकते।

अजनबियों ने माथा चढ़ाकर एक बार फिर मुझे गले से लगा लिया।

शाबास बहादुर बच्चे, तुम्हारा क्या नाम है?

मानव।

तुम नाम के नहीं शायद कर्म के मानव लगते हो। अब तुम्हारे पीड़ादायक दिन खत्म हो गए मानव बेटे। हम Sports Center चलाते हैं। उन्होंने मेरे सिर पर हाथ फेरते हुए कहा कि क्या तुम हमारे Center का सदस्य बनना चाहोगे जहाँ आपके लिए बहुत कुछ Free होगा। खाना-पीना, रहना यहाँ तक कि तुम्हारी पढ़ाई भी। सोचने के लिए मेरे पास कुछ था ही नहीं।

मुझे तुरन्त माँओ का ख्याल आया और मैंने उन्हें इस विषय में बोला और उन्होंने खुशी-खुशी माँओ को साथ रखना स्वीकार कर लिया।

परन्तु हमारी शर्त है बेटे तुम्हें इस जुनून को जीवित रखना होगा ताकि ये तुम्हारे व देश के काम आ सके।

मैंने कहा कि ये जूनून तो संसार के लिए है Sir। मेरी माँ मुझे देश तक नहीं बल्कि विश्व Level पर सोचना सिखा गई है।

उन्होंने एक दूसरे को थोड़े Confusion में देखा, सो मैंने फिर कहा कि मैं आपकी आशाओं को नहीं तोड़ूँगा Sir आप मुझ पर शिखर का भरोसा कर सकते हैं।

Well-done, शाबास साहसी बेटे ये लीजिए हमारा कार्ड तो आप चाहें कल या आज से Join कर सकते हैं।

मैंने झट से शानदार Offer ऑफर को स्वीकार कर लिया और हमने विदा ले ली।

मैं भी माँओ व दोस्तों के साथ अपने ठिकाने की ओर बढ़ने लगे।

आखिर पल में जिन्दगी कैसे बदल जाती है। विवान ने कहा।

नहीं, विवान इस पल को बनाने के लिए मैंने सालों से मेहनत की है।

अगर पल में जिन्दगी बदली विवान तो यह प्रकृति एवं भगवान के नियम के विरुद्ध होगी और जैसे पल में जिन्दगी हमारे पास आई तो पल में वापिस भी जा सकती है।

पल में बदलने वाली जिन्दगी का कोई मूल्य नहीं होता। विवान मेहनत से हासिल की गई चीज पर ही भगवान उसका नाम लिखता है। पल में आई दौलत चोरी की होती है या गलती से रास्ता भूल गई होती है तो वह हमारी मेहमान हुई इसलिए पल में बदलने वाली जिन्दगी कुछ नहीं होती। मैं विवान सहित सभी दोस्तों को बता रहा था कि अचानक मुझे मोची की याद आई। अरे यार हमें मोची के पास जाना है–मैंने दोस्तों से कहा।

मोची...सभी ने एक साथ पूछा?

हाँ इस Prize पर मोची का भी अधिकार है–मैंने उन्हें बताया और हम मोची की ओर चल पड़े।

मुझे ताज्जुब हुआ कि मोची अब भी मोबाइल को उलट-पलट कर देख रहा था।

मैंने दोस्तों की तरफ देखते हुए अपने होंठों पर अँगुली रख Silent का चिह्न बनाया और हम चुप खड़े हो गए क्योंकि मैं मोची के दिमाग में चल रहे सृजन को तोड़ना नहीं चाहता था। शायद उसके मस्तिष्क में सृजन के बाद कोई सपना पनप जाए, अक्सर ऐसा होता है। आखिर कुछ देर बाद उसने गर्दन उठाई पर ये नजर वो नहीं थी जो पहले मिलने के वक्त थी। ये आत्मविश्वास से लबालब नजरें थीं।

मोची ने अपने हाथ मेरे पैरों की तरफ बढ़ाए और मैंने उसके पैरों की तरफ। शायद यहाँ दोनों ने दोनों के लिए अच्छा किया था।

मुझे पता चल गया था कि मोची ने अपने अन्दर कुछ बदलाव जरूर किया है।

आखिर मैं पिछले 20 साल से यहीं बैठा हूँ। तुम ठीक कहते हो बेटे कि इन्सान कितने बड़े-बड़े काम कर रहा है। अरे शायद मैं इन्सान ही कहलाने के लायक नहीं हूँ–मोची की आवाज में गम्भीरता थी।

अंकल आप इन्सान थे नहीं, पर ये सृजन करते ही बनने जा रहे हैं क्योंकि सृजन कोई पशु नहीं कर सकता।

पर इस सृजन के बाद आप कोई सपना बुनो और उस पर कड़ी मेहनत करो नहीं तो सृजन फिर अदृश्य हो जाएगा।

तो क्या आप ऐसा करेंगे? मैंने मोची की चमकती आँखों में आँखें डालते हुए पूछा।

और मोची ने आत्मविश्वास के साथ हाँ में सिर हिलाया।

मैंने कहा जब तुम कचरे को शानदार जूते की शक्ल दे सकते हो तो तुम्हारे अन्दर हुनर तो है और आगे बढ़ने की शक्ति का तुममें संचार हो चुका है सो आज से आप नया जूता बनाने की सोचो।

एक जूता कम्पनी मालिक बनने का सपना बुनो। मोची के चेहरे पर मुस्कान दौड़ पड़ी।

मैंने अपनी इनाम राशि का आधा हिस्सा मोची की तरफ बढ़ा दिया। मोची ने हाथ जोड़कर असहमति प्रकट की।

पर अंकल इस पैसे पर तुम्हारा अधिकार है इसलिए ले लीजिए और मोची ने आधी इनामी राशि स्वीकार कर ली। ये कड़ी मेहनत का धन है। अंकल इसे व्यर्थ ना जाने देना और All the best के साथ हमने मोची से विदा ली।

कल से मेरा व माँओ का सब बंदोबस्त हो गया था और मुझे विवान, शिवा व आरिफ के घर की हालात भी मालूम थी सो मैंने बची आधी राशि अपने दोस्तों में बाँट दी।

मेरे दोस्तों ने मुझे गले से लगा लिया–मानव तुम बहुत अच्छे हो। तुम भी तो बहुत अच्छे हो–कहते हुए मैं अपने दोस्तों की पीठ सहलाने लगा।

और मैं माँओ के साथ अपने आशियाने को आखिरी दिन के इस्तेमाल के लिए चल दिया।

* * *

अगले दिन मैं व माँओ Center में आ गए थे और हमारी Sport Center की साफ-सुथरी प्यारी-सी शानदान जिन्दगी शुरू हो गई थी।

मैं एक योद्धा की तरह महसूस कर रहा था।

दरिद्रता-रूपी इस सेना को मैंने पीछे हटने पर मजबूर कर दिया था। दरिद्रता की सेना फिलहाल घबराकर दूर चली गई थी लेकिन अगर मैं यहाँ रुका या लापरवाह, बेपरवाह या अहं भावना में भरकर अपनी आधी-अधूरी जीत पर मदमस्त होकर यहीं घूमता रहा या पड़ा रहा या रूक गया या सन्तुष्ट हो गया, तो ये दरिद्रता रूपी दानव फिर अपनी सेना संगठित कर मुझे घेर लेगा। इसलिए पराजित हुई इस सेना को मुझे पूरी तरह से नष्ट करना होगा। मुझे शारीरिक व मानसिक ताकत के रूप में एक विशाल सेना इकट्ठी करनी होगी ताकि दरिद्रता की प्रभुता को जड़ से उखाड़ फेंका जाए और अगर मुझे विश्व Level पर सेना लेकर निकलना है तो मुझे दुनिया की सबसे ज्यादा ताकत इकट्ठी करनी होगी और मैं अपने कोच के चरण छूकर इस शिखर के अभियान पर जुट गया।

* * *

मैं Center में शाम को Practice के बाद Relex मूड में हल्की-फुल्की जोगिंग कर रहा था। तभी मैंने देखा कि कुछ शरारती लड़के एक व्हील चेयर पर बैठी अपाहिज लड़की को शारीरिक के अलावा मानसिक अपंगता की ओर ले जा रहे थे। लड़की के हाथ में रैकिट था और ये लड़के उसके अधिकार क्षेत्र से बाहर Boll फैंककर जोर-जोर से हँस रहे थे। उनकी हँसी इस बात का प्रतीक थी कि वे आगे बढ़कर मारने को प्रेरित बिल्कुल नहीं कर रहे थे।

मैंने देखा कि Boll को Hit करने के चक्कर में लड़की गिर पड़ी। रैकिट उससे छिटक कर दूर जा गिरा और वो बिल्कुल न करने वाली क्रिया यानी रोने लगी। उसने ऊपर आसमान की तरफ देखा शायद वह भगवान से अपना कसूर पूछ रही थी। लड़के एक-दूसरे के हाथ-पर-हाथ मारकर ताल ठोंक रहे थे। मैंने लपकर गिरी लड़की को उठाया और उसका छिटका रैकिट उसे थमाया।

लड़की ने हल्की-सी नजर मेरी ओर उठाई पर ज्यादा देर तक उसके आँसुओं ने उसे ऐसा नहीं करने दिया। मैंने उसके आँसू पोंछे।

ये आँसू आते ही रहेंगे बहुत दिनों से आ रहे हैं—लड़की ने कहा। क्या आपने इन्हें रोकने का प्रयास नहीं किया—मैंने पूछा।

But ये भगवान ने मुझे दिए हैं तो रुकेंगे कैसे—लड़की ने फिर आँसू पौंछते हुए कहा।

शायद ये आँसू यहाँ से आ रहे हैं—मैंने उसकी टाँगों की ओर इशारा करते हुए कहा।

वो शान्त रही।

क्या नाम है आपका?

सृष्टि।

क्या सृष्टि बचपन से ही ऐसी है?

नहीं मैं स्कूल की प्लेयर थी पर एक दिन अचानक...और उसका दु:ख फिर आँसुओं के रूप में बाहर आया।

मैंने फिर आँसू पौंछने के लिए अपना हाथ बढ़ाया पर इस औपचारिकता का क्या फायदा था।

ये काम तो वह स्वयं भी कर रही थी।

फिर अचानक क्या हुआ कहकर, मैंने आँसुओं द्वारा रोक दी गई बात को पूरी करवानी चाही।

अचानक एक हादसा मुझसे मेरी माँ छीन ले गया और मुझे ऐसा बना गया और वह फिर रोने लगी। मैं सोचने लगा कि एक सैकिण्ड लगा धमाका होने में। कितना ताकतवर था वो सैकिण्ड जो इतना विनाश कर गया। परन्तु ये संसार तो Balance पर चलता है। जब एक सैकिण्ड में इतना विनाश हो सकता है तो दूसरी तरफ एक सैकिण्ड में अच्छा क्यों नहीं हो सकता। पर कैसे और अगले ही क्षण मुझे ध्यान आया कि एक सैकिण्ड ही लगेगा सृष्टि का नजरिया बदलने में भी और फिर जो टाइम इसकी Recovery में लगेगा वह इसे ज्ञानवान बनाकर जाएगा सो उसे नष्ट हुआ नहीं माना जाना चाहिए क्योंकि अगर वह स्वस्थ होती तो भी उसे सीखने के लिए समय की जरूरत होती।

मैं सोचने लगा कि मुझे क्या करना चाहिए। पर सिवा प्रेरित के मैं और क्या कर सकता हूँ। अगर कुछ नहीं तो शायद मुझे ये तो करना ही चाहिए।

असल में ये आँसू लाचारी के थे जो उसकी टाँगों से भी नहीं उसके दिलो-दिमाग से आ रहे थे। मैंने उससे कहा कि सृष्टि जो कुछ हो चुका उस पर सोचने का कोई फायदा नहीं होने वाला, परन्तु जो बिखरा पड़ा है वह जरूरी इकट्ठा हो सकता है सो अपने अरमानों को बिखरने मत दो। यह कहकर मैं कुछ और आगे बढ़ा।

डॉक्टरों ने क्या कहा—मैंने पूछा?

डॉक्टरों ने बताया कि ठीक होना असम्भव-सा है। अगर किस्मत में हुआ तो हो सकता है वरना कोई इलाज नहीं।

कुछ क्षण मैंने सोचा कि डॉक्टर भी किस्मत पर रुकने लगेंगे तो दुनिया सड़ जाएगी।

सृष्टि क्या आपने ठीक होने की कोशिश की? जब डॉक्टरों ने बोल दिया तो कोशिश क्या करनी।

सृष्टि पहले तो डॉक्टर भगवान नहीं कि इन्होंने जो बोल दिया सो बोल दिया और अगर भगवान भी असम्भव-सा बोल दे तो इन्सान का कर्त्तव्य है उसे करने की कोशिश करना।

नं. 1 सृष्टि 'कोशिश' को भगवान ने आजाद रखा है। उसको इतनी ताकत दी है कि वह स्वयं भगवान पर भी जीत दर्ज कर सकती है। तो संसार की सबसे ताकतवर चीज 'कोशिश' हुई, इसलिए कोशिश करो।

नं. 2 डॉक्टरों ने इसे असम्भव-सा बोला है। असम्भव और असम्भव-सा में इन्सान के लिए बहुत बड़ा फर्क होता है। सृष्टि, असम्भव को सम्भव बनाने के लिए ही हम इस संसार में आते हैं। इतने में मुझे एक हवाई जहाज आसमान से गुजरता दिखाई दिया। वाह क्या कमाल के समय पर आया था। शायद सृष्टि के लिए ही आया हो।

वो देखो सृष्टि, क्या इसको बनाने वाला भी असम्भव-सा पर रुक जाता और उसको भी कितने लोगों ने असम्भव-सा या इससे भी आगे निकलकर बोला होगा। अगर तुम्हारी तरह वह ठहर जाता तो क्या दुनिया को ये शानदार सुविधा दे पाता।

ध्यान से देखो सृष्टि, इस इन्सानी ताकत को एक इन्सान भारी-भरकम जहाज और उसमें सैंकड़ों लोगों को हवा में उड़ाकर ले जा रहा है और वो भी सृष्टि तुम्हारी तरह ही इन्सान है।

सृष्टि फटी आँखों से जहाज को निहारने लगी। और तब तक निहारती रही जब तक जहाज उसकी आँखों से ओझल ना हो गया।

और फिर मैं उसे नं. 3 किस्मत पर ले गया...सृष्टि किस्मत तो तुम्हें खड़ी होकर लिखनी होगी। वह नीचे देखने लगी और मैंने उसके प्यारे से चेहरे को अपनी अंगुलियों के सहारे ऊपर उठाते हुए कहा—मेरी तरफ देखो सृष्टि भगवान को जिसमें

संभावना दिखती है उसी पर वजन डालकर उसकी परीक्षा लेता है। इसमें तो आपको खुश होना चाहिए कि तुम भगवान के निकट हो। तुमने भगवान को तुम्हारी तरफ देखने के लिए विवश कर दिया। इसलिए यह खुशी का मौका है, पर है, जब तुम कोशिश करो। सिर्फ कोशिश ही नहीं कड़ी मेहनत यूँ समझो कि भगवान तुम्हारे पास खड़ा है। तुम्हारी मेहनत से खुश हो वो अपना भार हटा लेंगे।

क्या तुम मुझे सुन रही हो?

सुनने से क्या होता है यह सब समझाना था और शायद मैं समझने की कोशिश कर रही हूँ।

तो क्या कल से कोशिश शुरू करें। मैंने पूछा?

कल से नहीं अभी से। उसने आत्मविश्वास से भरकर कहा।

मैं मन-ही-मन प्रसन्न था कि मैं शायद सृष्टि के नजरिए में परिवर्तन करने में कामयाब रहा था।

तो क्या मैं तुम्हारी सहायता कर सकता हूँ। मैंने विचारों में खोई सृष्टि से पूछा।

मैं सृष्टि के मुड़े पैरों को सीधा करने लगा। इसके बाद मैं उसके पतले-पतले कोमल से हाथों को पकड़कर उसे खड़े होने के लिए प्रेरित करने लगा।

उठो, उठो, सृष्टि, कोशिश करो।

सृष्टि काँपते कमजोर पैरों से कोशिश करने लगी।

नहीं-नहीं मैं गिर जाऊँगी—सृष्टि ठिनठिनाई।

डरो मत, तुम हवाई जहाज से नहीं गिरोगी—मैंने कहा और वो खिलखिलाकर हँस पड़ी।

मैं उसकी हँसी देखकर अन्दर-ही-अन्दर प्रसन्न था कि मैं उसे आत्मविश्वास के साथ कुछ मुस्कुराहट दे पाया।

मुझे लग रहा था शायद अपाहिज होने के बाद आज उसका सबसे बड़ा खुशी का दिन था क्योंकि आज वह अपने आपको पूर्ण रूप से अपाहिज नहीं मान रही थी।

हम कुछ देर कोशिश करते रहे और फिर मैंने सृष्टि को वापिस Chair पर बैठा दिया।

O My God। मैंने तुम्हारा नाम नहीं पूछा Sorry। सृष्टि ने अपने दोनों हाथों से अपना सिर पकड़ते हुए कहा।

मुझे मानव कहते हैं। मैंने कहा।

तो मैं क्या कहूँ? सृष्टि ने अपनी गर्दन टेढ़ी करते हुए पूछा।

तुम्हारी मर्जी मैंने कहा और वह प्यारी-सी मुस्कान के साथ मुस्कुराने लगी।

मानव तुम कहाँ रहते हो? क्या तुम रोज यहाँ आते हो—उसने उतावलेपन से पूछा?

हाँ मैं यहीं Centre में रहता हूँ, एथलीट हूँ Practice करता हूँ। मैंने उसे बताया।

और मेरा घर पास ही है। मैं यहाँ कभी-कभी पापा के साथ आती हूँ। पर अब शायद रोज। उसने मेरे पूछने से पहले ही बता दिया और इस बीच शायद उसके पापा हो सकते थे। अपनी Walk पूरी कर हमारे पास आ गए थे।

चले बेटा।

Yes पापा। पापा ये मानव है और उसने मेरा परिचय कराया।

इसी के साथ हमने ना चाहते हुए भी आज के लिए विदा ली।

* * *

किसी अपरिचित पथ पर अगर आपको लम्बी दूरी तय कर मंजिल तक पहुँचना है तो...

नं. 1 सबसे पहले तो समय-सयम पर यह पता करना जरूरी है कि क्या आप सही रास्ते पर हैं और अगर बात पक्की हो जाती है कि रास्ता सही है तो...

नं. 2 आप आगे बढ़ रहे हैं, पीछे हट रहे हैं या रुके पड़े हैं यानी की बात रफ्तार की क्योंकि बहुत से काम ऐसे होते हैं जो सिर्फ समय से बँधे होते हैं।

यह भी एक ऐसी ही मंजिल थी जो समय से लिपटी हुई थी।

अगर समय पर पूरी नहीं हुई तो वह महत्वहीन हो जायेगी है क्योंकि इस मंजिल पर पहुँचना कोई मायने नहीं रखता। सबसे कम समय में पहुँचना ही असल मंजिल पाना था। यह सीधी व सपाट मंजिल थी जो समय पर टिकी थी।

मैं मंथन करने लगा। मैंने पाया कि मेरा रास्ता तो सही है पर अब बात रफ्तार की थी।

मैंने अब तक के सैन्टर के समय को जाँचा और पाया कि मेरी रफ्तार प्रतिद्वन्द्वी के मुकाबले कम थी सो मैंने रात-दिन का भेद मिटा डाला क्योंकि मुझे पता था कि अगर यह महान उपलब्धि हासिल करनी है तो 8 घण्टे के दिन से काम नहीं चलने वाला सो मैंने माँ द्वारा बनाई गई दिन की परिभाषा को याद किया और मैंने तय किया कि अपने छोटे से दायरे में लिपटी दिन की परिभाषा को तोड़ना होगा पथ बहुत विशाल था इसलिए मैंने Target बनाया कि जब थककर गिर पड़ूँगा तब मेरी रात होगी और जब मेरे पैर मेरे बाकि शरीर का भार उठाने के लिए तैयार हो जाएँगे तब मेरा दिन शुरू हो जाएगा।

या यूँ कहूँ मैंने अंधेरे व उजाले से लिपटी अपने दिन की परिभाषा को नकार दिया था और मैं इस नई मानसिकता से कड़ी मेहनत पर जुट गया था।

* * *

मैं और सृष्टि कड़ी मेहनत के साथ अपनी-अपनी मंजिल की ओर बढ़ रहे थे। मैंने अपने busy कार्यक्रम से सृष्टि के लिए समय निकाल रखा था और मुझे खुशी थी कि सृष्टि के व्हीलचेयर की जगह अब वॉकर ने ले ली थी। पहले वह सिर्फ हाथों से सफर तय किया करती थी और अब पैरों और हाथों से चलने लगी थी यानी उसने आधा सफर तय कर लिया था।

उसकी रिक्वरी की रफ्तार काफी तेज थी और मुझे विश्वास था कि वह जल्दी ही अपंगता को अपंग बनाने वाली थी।

मैंने महसूस किया कि सृष्टि की मेरे मिलने से पहले की जिन्दगी और मिलने के बाद की जिन्दगी में निश्चित रूप से मिलने के बाद की जिन्दगी ज्यादा खुशहाल, आत्मविश्वास से लबरेज व अच्छाई की ओर बढ़ती हुई जिन्दगी थी।

सो मैं सृष्टि को खुश देखकर काफी खुश था कि भगवान ने मेरे द्वारा किसी को अच्छाई की तरफ बढ़ाया।

वह वॉकर के सहारे अपनी कमजोर टाँगों में जान डालने के लिए ग्राउण्ड के कई चक्कर लगा चुकी थी और अब वह शायद कुछ थक गई थी और आराम के मूड में थी। मेरे पास भी समान स्थिति थी सो मेरे पास वक्त था कि मैं उससे बात करूँ। उसके साथ कुछ समय बिताने में मेरा थका शरीर व दिमाग एकदम फ्रैश होकर दोबारा काम पर लौटने के लिए तैयार हो जाता था और मुझे उसके साथ एक अजीब-सी शान्ति मिलती थी।

हैलो सृष्टि! मैंने धीमी-सी आवाज में बोला क्योंकि वह मेरी धीमी-सी आवाज से भी हड़बड़ा जाती थी। उसने वही किया, एकदम हड़बड़ाई और उसके दोनों हाथ वॉकर छोड़ ऊपर उठ गए और पीछे गिरने के Action में हुई पर मेरी बाँहों ने शायद मस्तिष्क का सन्देश आने से पहले ही उसे सम्भाल लिया। मैं ये Decide नहीं कर पाया कि उसने वॉकर छोड़ा था या छूट गया था पर जो भी हुआ हो उसकी शानदार मुस्कुराहट ने मेरी Practice की थकान को पलभर में गायब कर दिया।

मैंने यह महसूस किया कि अच्छाई के विशाल सागर की छोटी-छोटी बूँदों में कितनी ताकत होती है। मुस्कुराहट अच्छाई के सागर की छोटी बूँद ही तो थी।

क्या सृष्टि थक गई है—मैंने उसे वॉकर थमाते हुए पूछा?

थकी नहीं, इस शरीर-रूपी मशीन को थोड़े आराम की जरूरत थी और मानव मैंने सीख लिया कि थकान इन्सान के शब्दकोश का शब्द नहीं है।

वाह! मेरे मुँह से एकदम से निकला। सृष्टि के इस शानदार जबाव के लिए मैं आत्मविश्वास से लबरेज चट्टान-सी कोमल सृष्टि को देख रहा था।

सृष्टि जैसे चट्टान की लहरें नहलाकर और साफ-सुथरा बना जाती है उसी प्रकार अपंगता की लहर जब जाएगी तो सृष्टि जैसी चट्टान को और साफ-सुथरा शानदार बनाकर जाएगी।

सृष्टि ने मुस्कुराहट के साथ गर्दन हिलाई और हम आहिस्ता-आहिस्ता लुढ़कने लगे।

सृष्टि दुःख, पीड़ा और समस्याएँ भी औषधि व सच्चे गुरु के समान होती हैं या यूँ कहें कि दुनिया की सबसे बड़ी औषधि व सबसे बड़ा गुरु यही चीजें हैं। इनके बिना हम जीना सीख ही नहीं सकते और ना ही मजबूत बन सकते हैं।

सृष्टि जब ये अपंगरूपी समस्या तुम्हें आजाद करके जाएगी तब तुम्हारे अनेक ज्ञान के चक्षु खोल कर जाएगी।

तुम्हें क्या लगता है मैं कब तक ठीक हो जाऊँगी? सृष्टि ने पूछा।

सो यह सवाल तुम अपने आप से पूछो। यहाँ मरीज व डॉक्टर तुम्हीं हो।

मेरे लगने से कुछ नहीं होगा। तुम्हें क्या लगता है कि तुम कब तक ठीक हो जाओगी, मैंने पूछा?

मुझे यकीन है कि जल्दी ही मैं यह युद्ध जीत जाऊँगी और आजाद होकर झूमने लगूँगी सृष्टि बोली और उसने वॉकर छोड़े बिना सहारे के खड़ा होकर दिखाया।

Well-done सृष्टि शाबास! मैंने उसके उत्साह को और हवा दी।

सृष्टि तुम्हें अब इससे भी ज्यादा प्यार नहीं करना चाहिए और इसको छोड़ने का एक टारगेट बना लेना चाहिए। मैंने वॉकर की ओर इशारा करते हुए कहा और हम बातें करते-करते सैन्टर के द्वार तक आ गए थे। सृष्टि का घर वापसी का समय भी होने वाला था और हमने एक-दूसरे से कल तक के लिए आज्ञा ले ली।

* * *

आज विश्व स्तर एथलेटिक्स प्रतियोगिता में फर्राटा दौड़ का फाइनल मुकाबला था। आखिर मुझे व मेरी माँ की आत्मा को जिस दिन का इन्तजार था वह दिन आ गया था। मैंने सुबह उठते ही ईश्वर से वादा किया कि अगर आज मैं जीता तो मिलने वाला सारा धन असहायों के लिए दान होगा और इसके साथ ही लाखों असहायों की दुआएँ भी साथ हो गईं।

पर शायद आज दुआओं और टोटकों से काम नहीं चलने वाला था। आज पसीने का नापतोल होना था। पसीने के बहाव की जीत होनी थी।

आज शरीर के हर Part की परीक्षा होनी थी और उसे शत प्रतिशत परिणाम देना था।

मैं माँ की समाधि पर गया। मुझे पता था कि मेरी माँ की आत्मा मेरे चारों ओर ही रहती है पर माँ की समाधि मेरे जोश में और 'उफान' डालती थी।

मैंने माँ से वादा किया कि आज सिर्फ और सिर्फ तेरे बेटे की जीत होगी। आज तुम्हारे अंश की ही जीत होगी। आज मैं इस निर्णायक युद्ध में तेरे बलिदान का बदला लूँगा माँ और इसी वादे के साथ मैं वापिस चला आया।

* * *

शायद आज इन्सान ही नहीं भारत के परिन्दे भी मेरी तरफ देख रहे थे। मैं मैदान पर आ गया था और मैंने सारे शरीर के हर Part को अलर्ट रहने का आदेश दे दिया था क्योंकि इस वक्त सिवा मेहनत के दूसरी कोई चीज आपका साथ नहीं दे सकती थी।

मैं आँखें बन्द करके एकाग्र हुआ और मैंने एक कल्पना देखी जैसे भोजन का ढेर सामने रखा था। भूखे असहाय उसके चारों ओर बैठे थे और इस भोजन सामग्री के एकाधिकार का फैसला होना है।

ये जीत हजारों- लाखों असहायों के लिए भी उतनी ही महत्वपूर्ण थी जितनी मेरे लिए। यह जीत उनकी जिन्दगी में एक खास महत्व रखती थी।

ये जीत हजारों असहायों की भूख शान्त करने वाली थी और बाकी का हृदय शीतल।

जब ऐसी स्थिति थी तो मैं जीत के सिवा दूसरी चीज पर सन्तुष्ट हो ही नहीं सकता था।

Watch सीटी ने हम सबको सावधान व Line up कर दिया था। सभी एथलिट झुक गए थे और शायद इतने सावधान थे जैसे किसी कोबरा साँप के फन पर हाथ फेरना हो।

और बुलेट गन से निकलते ही सभी एथलिटों की टाँगों ने उनके शरीर को फैंक कर मारा।

माँ की आवाज से मेरे कान भी फड़फड़ा उठे कि 'भाग मानव भाग मुझे आज जीत के सिवा कुछ नहीं चाहिए' और शायद दुनिया के सारे असहायों की ताकत निकल कुछ क्षण के लिए मेरी टाँगों में आ घुसी थी। मुझे एक बार फिर ऐसा लग रहा था कि दौड़ नहीं उड़ रहा था।

मेरे मुँह से माँ निकला और मैंने फिनिश लाइन पर ऐसे पैर रखा जैस स्वर्ग की चौखट पर रखा हो।

मैं जीत चुका था। मैंने सबसे पहले स्वर्ग में विराजमान अपनी माँ को प्रणाम किया कि आज मैंने हमारे दुश्मन और तुम्हारी मौत के जिम्मेदार को पूरी तरह से उखाड़ कर फैंक दिया है और उसके बाद मैंने ईश्वर को धन्यवाद दिया।

दूसरे ही पल मैंने देखा कि सृष्टि ऐसे उछली की बिना किसी सहारे के दौड़ती मेरे सीने से आ लगी और देखते-ही-देखते जैसे सारे देश ने मुझे दबोच लिया हो।

ऐसा क्षण मेरे लिए ही नहीं, किसी के लिए भी शानदार क्षणों में से एक था।

इस क्षण के वर्णन के लिए मैं कितने ही शानदार शब्द प्रयोग करता वह इस खुशी के साथ न्याय नहीं कर सकते थे।

आखिर मेरा अतीत मुझे फिर पीछे खींच ले गया कि काश आज माँ होती।

इस महान भगवान के लिए कुछ भी असम्भव नहीं, उसका आखिर क्या अटक गया था माँ के बगैर।

जो लोग इस धरती पर अच्छा करने में लगे रहते हैं उन्हें क्यों नहीं भगवान लम्बा जीवन देता।

अगर ये पृथ्वी परीक्षा केन्द्र है तो माँ का परिणाम तो आज आया है। परिणाम से पहले ईश्वर ने क्यों अपना फैसला थोप दिया।

अगर वह पृथ्वी पर भार कम कर संतुलन बनाना चाहता था तो इस धूर्तों से भरी दुनिया में एक धूर्त कम कर देता।

ऐसा नहीं कि धूर्त मिलते नहीं अगर स्वर्ग से ईश्वर एक राई का दाना भी गिराएँगे तो वह नीचे गिरने की बजाय किसी धूर्त पर ही गिरेगा।

पर ये सब ईश्वर की गहरी लीलाएँ हैं और भीड़ ने मुझे और गहरा नहीं घुसने दिया। सृष्टि मेरे गले को नहीं छोड़ रही थी मैं छुड़ाना भी नहीं चाहता था।

मैं चाहता था कि पूरी उम्र वह इस सीने से यूं ही चिपकी रहे।

आखिर भीड़ व सृष्टि के जोश ने मुझे आज्ञा दी और मैं माँओ के माथे को चूम कर स्टेज की ओर बढ़ा। और आज फिर बिन बादलों के बरसात शुरू हो गई थी।

आज मैं फिर पैसे की बारिश देख रहा था।

आखिर ये इनामी सिलसिला काफी देर व शायद कई दिनों तक चलने वाला था।

* * *

आखिर लम्बे समय से चले आ रहे युद्ध का अंत हो गया था। मैंने दरिद्रता, बदकिस्मती, बुरे हालातों, अभावों पर विजय पा ली थी।

मैंने अब तक के सफर में पाया कि इन्सान बेवजह भगवान व दूसरे हालातों पर दोषारोपण क्यों करता है।

नरक से स्वर्ग का रास्ता तो बिल्कुल सीधा-सपाट पड़ा है और जिन्दगी एक सड़क के समान है। जहाँ आँखें बन्द करके नहीं चला जा सकता या यूँ कहें दो नदियों के बीच एक संकरी-सी पगडंडी के समान जिस पर बड़े Alert होकर मजबूती से पैर रखते हुए आगे बढ़ाना होता है। और मृत्यु की तरह यह भी एक सच्चाई ही है कि जो प्रयत्न करेगा उसे हासिल भी होगा।

पर फिलहाल मैं विजेता था पर जश्न नहीं मनाना चाहता था क्योंकि फिलहाल मैंने सिर्फ दरिद्रता को हराया था और एक इन्सान के लिए मात्र दरिद्रता को हराकर जश्न मनाना सड़क पर 1 रु. का सिक्का पाकर उछालने जैसा था।

अब मुझे मानव जीवन की असली व सबसे बड़ी लड़ाई मानव जीवन के उद्देश्य की लड़ाई की शुरुआत करनी थी।

* * *

Prize के रूप में भारी धनराशि मेरे पास इकट्ठी हो गई थी और इस धन का क्या करना था माँ मुझे बचपन में ही सिखा गई थी। पर मेरी छोटी-सी Teem जिसके साथ मैं आगे एक महान शुरुआत करने जा रहा था सो उन्हें भी इस Planning से अवगत कराना था, राय जानना जरूरी था। इसलिए मैं अपनी टीम जिसमें सृष्टि, विवान, आरिफ, शिवा थे, पहाड़ी की ओर बढ़े।

पहाड़ी को हमने मंत्रणा के लिए शान्त व सुकूनदायक जगह के रूप में चुना था।

इस पहाड़ी ने मेरे शरीर को लोहा बनाने में महत्वपूर्ण साथ निभाया है। मैंने पहाड़ी पर चढ़ते हुए कहा। असल में मैं तो तुम्हारी ऊँची महान सोच, धैर्य, साहस और कड़ी मेहनत ने तुम्हें लोहा बनाया है न कि पहाड़ी। सृष्टि का शानदार जवाब आया।

अगर इस पहाड़ी में जादू होता मानव तो दुनिया इन सिलायो को उखाड़ ले जाती।

सृष्टि ने कहा मैंने कहा कुछ भी हो मैं इन सिलाओ को दरिद्रता रूपी युद्ध में मेरा साथ देने के लिए धन्यवाद दे रहा था और सोच रहा था कि काश भवगान इनमें

जीवन का संचार कर दे और मैं इन्हें इनके हिससे की कीमत दे ऋण मुक्त हो जाऊँ फिलहाल मैं इनका ऋणी था।

हम पहाड़ी पर साफ, प्यारी व मनमोहक-सी जगह देख कर बैठ गए। विवान जिसे हिसाब-खातों का बड़ा शौक था मेरे मुनीम का काम कर रहा था। मैंने विवान से पैसों का टोटल पूछा और विवान ने सारा बायोडाटा हमारे बीच रख दिया।

मैंने Prize Total बीच में रख कर सभी से संयुक्त प्रश्न पूछा कि इस धन का क्या किया जाए।

विवान...

बिजनिस करेंगे और क्या?

शिवा...

बिजनिस करेंगे और मन्दिर बनवाएँगे।

आरिफ...

पहले अपने व माँओ के लिए शानदान घर फिर बिजनिस।

और अब सृष्टि की बारी थी।

मुझे पता है। मानव आपने इसकी Planning कर रखी होगी। फिर भी मेरी राय तुम्हारे अतीत को देख अनाथालय बनाना तुम्हें सबसे ज्यादा शान्ति देगा।

चारों के व्यक्तिगत विचार सामने रखे जा चुके थे अब मेरी बारी थी। बिजनिस सृष्टि को छोड़कर तीनों का संयुक्त प्रश्न था।

1. बिजनिस यानी धन का दस, बीस, सौ गुना करना ठीक मैंने पूछा। हाँ ऐसा ही Team की ओर से।

देखो दोस्तों ये पैसा पहले से इतना है कि मैं अगर सन्तुलित जीवन जीऊँ तो मेरे इस जन्म और अगर भगवान फिर जन्म दे दे तो भी कुछ करने की जरूरत नहीं होगी तो फिर इसे 100 गुना करके क्या हासिल करूँगा।

2. मन्दिर बनाना, मस्जिद तो लाखों बने पड़े हैं। हम अगर दो-चार और बना देंगे तो उनका माँओ को क्या फायदा मिलेगा। शिवा अगर तुम्हारा शरीर रोगग्रस्त है

और तुम्हारे पास पैसा है तो उस पैसे से तुम शरीर का इलाज करोगे या मन्दिर बनवाओगे।

शरीर का इलाज–शिवा ने कहा।

पर यहाँ बीमार कौन है? विवान ने पूछा।

दुनिया की ज्यादातर आबादी।

मैंने कहा शिवा अगर हम हमारी सोच का दायरा तोड़ दें उसे संसार के समान विशाल बना लें तो ये सारा संसार हमारा शरीर बन जाएगा और पहले रोगग्रस्त हिस्से का इलाज होता है फिर श्रृंगार।

ये सारा संसार रोगग्रस्त हो गया है। आज हम यहाँ इसकी पीड़ा कम करने के लिए इकट्ठा हुए हैं।

अब बची बात मेरे व माँओ के घर बनाने की तो आरिफ मैंने इस संसार को अपना परिवार मान लिया है।

आरिफ, अगर इस पैसे को हम फैला दें तो हजारों माँओ इसकी छत के नीचे आ सकते हैं तो फिर इसे मेरे व माँओ तक क्यों सीमित रखूँ।

आरिफ, बिना छत के मैं इस पैसे का हकदार बना हूँ तो मैं महल में बैठकर भगवान नहीं बन सकता।

हे मित्रो, अगर हम प्रकृति से पशु से ज्यादा ले रहे हैं तो पशु से ज्यादा देना भी पड़ेगा।

आईये पैसा से पैसा बनाने की जगह इसके सहारे हम इन्सान बनाने की कोशिश करें।

बोलो हे साथियो, इस धन से बहुत से मानव भी बनाए जा सकते हैं और इसको पचास, सौ गुना भी किया जा सकता है। मैं चाहता हूँ कि एक बड़ा घर बनाऊँ जहाँ हजारों असहाय, दीन-दुःखी माँओ अपना सपना पूरा कर सकें, क्या आप सहमत हैं। सभी ने मेरी ओर नजरें उठाईं उनकी आँखों में आँसू थे। मटमैले रंग के आँसू शायद उनके अन्दर में सिर्फ अपने लिए जीने यानी स्वार्थरूपी गन्दगी बहा कर लाए थे।

आपने हमें पशुओं से उठा इन्सानों में डाला मानव भैया, तुम महान हो। मैंने कहा अभी कहाँ पहुँचे इन्सानी परिवार में अभी तो जीने की सोची है। बड़ा घर बनाने की तैयारी को लेकर हमारी Meeting समाप्त हो गई। हमने पैसे का सबसे अच्छा उपयोग चुना था।

* * *

आज मैं सारी रात सृष्टि पर ही सोचता रहा आखिर वह बाहर से व भीतर से एक ही रंग में रंगी हुई थी।

नारी बाहर से जितनी सुन्दर हो उतनी भीतर से भी हो, तो संसार में उससे अच्छे प्राणी की तो कल्पना भी नहीं की जा सकती।

अब तक मैं और सृष्टि एक अच्छे दोस्त थे और क्या मुझे इनसे थोड़ा और आगे बढ़ना चाहिए। पर क्या पता उसका कोई और सपना हो और मेरा उसकी जिन्दगी में आगे बढ़ना उसे परेशानी का अनुभव कराए।

पर पहली बात तो यह थी कि बढ़ा जाए या नहीं क्योंकि आगे की मेरी योजना को खतरनाक नाम दे सकता हूँ। तो क्या मुझे सृष्टि को इस खतरनाक रास्ते पर घसीटना चाहिए वैसे यह रास्ता घसीटने या ढोने का नहीं था, जीने का था लेकिन खतरनाक था। तो मुझे क्या करना चाहिए और मैं इस प्रश्न पर पूरे तरीके से अगले कुछ समय के लिए खो गया क्योंकि ये खासकर सृष्टि के भविष्य को देखते हुए काफी महत्वपूर्ण था।

आखिर मैं इस नतीजे पर पहुँचा कि मुझे फिलहाल किसी भी विचार प्रवाह में उसे नहीं डालना चाहिए जो उसके महान व प्यारे टेनिस रूपी सपने की गति धीमी करे या प्रभावित करे।

इसलिए मैंने निर्णय लिया कि सृष्टि जितना मेरा साथ चाहेगी मैं उसके साथ गुजारने की कोशिश करूँगा।

मैं विचार करने लगा कि किस प्रकार से उसके इस महान सपने में अपनी ओर से योगदान दे सकता हूँ।

इस पर मैं एक बार फिर अगले कुछ क्षणों के लिए खो गया।

आखिर मैंने वो Points खोज लिए और तय किया कि मैं उसे तनावमुक्त व खुश करने की कोशिश करूँगा। उसके साहस व धैर्य के Level पर बारीकी से नजर रखूँगा व कमी देखते ही उसे प्रेरित करने की कोशिश करूँगा और मैं ऐसा करने लगा।

* * *

आखिर सृष्टि के सपने के बीच एक रात रह गई थी और अभी तक सृष्टि को मैंने तनावमुक्त व आत्मविश्वास से लबरेज बनाए रखा था।

अगर सब कुछ ठीक रहा तो कल फिर तिरंगा लहरा सकता था।

मैं सृष्टि से एक ही बात कर रहा था कि तुम्हें किसी नामी देश व खिलाड़ी के साथ नहीं खेलना, तुम्हें सिर्फ बॉल को विरोधी से तेज व सटीक तरीके से मारना है बस।

क्योंकि हम भारतीय नामों व प्रसिद्धि को बहुत महत्व देते हैं। अगर हम नाम को अपने दिमाग में हौवा बना लेते हैं तो उसका प्रभाव हमारे साहस के कुछ Points को नष्ट कर देते हैं और कल ही हार-जीत में शायद कुछ का ही फर्क होगा और दो महारथियों में कुछ का ही फर्क होता है।

सृष्टि तुम्हें सिर्फ यही सोचना है कि मैं किसी से कम नहीं हूँ। क्या सृष्टि मुझे सुन रही हो। मैंने एकटक मेरी ओर देखती सृष्टि से पूछा।

हूँ सृष्टि ने मुस्कराहट के साथ गर्दन हिलाई।

सुन नहीं समझ रही हूँ—सृष्टि ने कहा।

मानव क्या तुम्हें यकीन है कि जीतूँगी?

शायद सृष्टि—मैंने कहा।

पर शायद का तो बहुत बड़ा दायरा होता है।

पर मैंने सिर्फ सिक्के के एक पहलू को ही पूरी तरह से जाँचा-परखा है। तो फिर मैं शायद को कैसे हटा सकता हूँ।

लेकिन तुम्हें 'शायद' का प्रयोग नहीं करना, तुम्हें यही रखना है कि मैं जीतूँगी। मैंने सृष्टि के प्यार से चेहरे को अपने दोनों हाथों में पकड़ते हुए कहा।

मानव अगर मैं कल जीतती हूँ तो तुम्हें एक बड़ा सरप्राइज दूँगी—सृष्टि ने मेरे कंधे पर सिर रखते हुए कहा।

मुझे, पर ऐसा क्या?

मानव मैंने तय किया है कि अगर मैं जीती तो Prize के रूप में जितना भी पैसा मुझे मिलेगा वह हमारे बड़े घर को दान करूँगी।

और मैंने अपने कंधे से उसका सिर हटा कर फिर उसका प्यारा-सा चेहरा अपने साधारण से हाथों में पकड़ कर कहा। मैंने शायद हाथ को हटा लिया। अगर ऐसा है तो जीत तुम्हारी होगी सृष्टि केवल तुम्हारी और वह फिर मेरे गले से लग गई।

रात के 11 बज रहे थे और उसे सुबह फिर 5 बजे उठना था तो शायद 5 से 6 घण्टे की नींद सृष्टि के लिए बेहद जरूरी थी अपनी स्फूर्ति बनाए रखने के लिए इसलिए हम अपने-अपने कमरों में चले गए।

* * *

मैच शुरू हो गया था और ऐसा लग रहा था कि मैच काले व भूरे रंग के बालों के बीच था शायद और कहीं से तो और फर्क नजर नहीं आ रहा था।

भारत और भीड़ एक ही नाम है।

दोनों खिलाड़ी शानदार खेल दिखा रही थीं। Points बनने के बाद दो-चार सैकिण्ड का समय मिलता तो उसमें सृष्टि मुझे निहार रही थी।

मुझे व्यर्थ देखने के इन दो-चार सैकिण्ड के समय को अगले क्षणों की योजना के लिए प्रयोग कर सृष्टि—मैंने कहा।

और आखिर पहला Set सृष्टि 6-4 से हार गई। सृष्टि अपने चेहरे को जितना बुरा करने की कोशिश करती है उसके चेहरे पर विपरीत असर होता है, वह और भी सुन्दर दिखने लगता है।

वह हर बार एक छोटी सी याद बनकर रिजर्व हो जाती है। पसीने से तर-बतर सृष्टि अपने मुख्य कोच व हमारी तरफ आई।

कोच ने उसे कुछ पहले Set की पकड़ रखी खामियों के बारे में बताया। कोच के मुख से शायद प्रति सैकिण्ड 8 से 10 शब्द निकल रहे थे क्योंकि कुछ ही सैकिण्ड में उन्हें पिछले Set की पूरी रील दिखाने के साथ हिम्मत रूपी खुराक भी देनी थी।

मैंने कोच के पीछे से बोला इस संसार में सभी के पास जीतने का एक ही तरीका है, सृष्टि, जीतने की हिम्मत ना हारना।

क्या विपक्षी खिलाड़ी तुमसे ज्यादा ताकतवर है?

शायद ऐसा ही है—सृष्टि ने कहा।

तो तुम अगला Set भी नहीं जीत पाओगी।

अगर अगले को अपने से ताकतवर समझोगे तो समझो हम मानसिक रूप से हार चुके हैं कुछ देर पहले बनी इस मानसिकता को तोड़ दो सृष्टि। तुम्हें सिर्फ यह समझना है कि तुम उससे किसी भी तरह से कम नहीं हो।

मैंने कोच की नकल करने की कोशिश में अपनी पूरी रील तीन से चार सैकिण्ड में सृष्टि की ओर फैंकी।

जाओ, सृष्टि और विजेता बनकर खेलो।

मैच फिर शुरू हो गया था। इस बार सृष्टि हरएक पल को बिना पढ़े नहीं गुजरने दे रही थी।

दोनों तरफ से पसीना बहता रहा आखिर संख्या फिर वही 4 और 6 लेकिन अबकी बार 6 सृष्टि और 4 विपक्षी खिलाड़ी के खाते पर अंकित था।

सृष्टि अपने ओजस्वी चेहरे से पसीना उतारकर फेंकती हुई हमारी तरफ आई और इस बार उसके शरीर के हर अंग की भाषा पहले से अलग थी। आत्मविश्वास दूर से ही हिलोरें मार रहा था।

आखिर हमें फिर वही काम करना था सिर्फ शब्द बदलने थे।

मुख्य कोच ने फिर कुछ साहसरूपी इन्जैक्शन के साथ कुछ हिदायत रूपी कैप्सूल सृष्टि के अन्दर डाले।

मैंने पूछा विपक्षी तुमसे कमजोर है?

हाँ शायद! सृष्टि ने अपनी नाक सिकोड़ते हुए हमें कहा तो तुम अगला Set हार कर मैच हार सकती हो सृष्टि।

पर क्यों? सृष्टि चौकी।

अगले को कमजोर भी मत समझो नहीं तो तुम अपने अहं की लापरवाही में मदमस्त हो जाओगी और विपक्षी खिलाड़ी को सेंध लगाने का मौका मिल जाएगा। सिर्फ और सिर्फ एक ही बात आप किसी से कम नहीं बस। जाओ सृष्टि जीत के लिए Well-done।

तीसरा व निर्णायक Set शुरू हो चुका था और सृष्टि ने शुरुआत में कुछ डगमगाते हुए अपने आप को फिर Set कर लिया था और अपने मस्तिष्क व शरीर को पूरा निचोड़ते हुए लगातार Point बना रही थी। और आखिर मैच Points का अति महत्वपूर्ण समय आ गया था और दोनों खिलाड़ी बराबरी पर खड़े थे।

सृष्टि ने बॉल हिट करने के लिए ऊपर उठाई और भीड़ अपने जबड़े दबा कर शान्त हो गई। बॉल विपक्षी खिलाड़ी के रैकेट के पास से गुजरते ही मैंने सैकिण्ड के सौंवे हिस्से की गति से अपनी गर्दन दर्शकों की ओर घुमाई। ऐसा लगा ऐसी प्रतिक्रिया या तो 11000 के वोल्ट से हो सकती थी या फिर इस प्रकार से ही।

सृष्टि ने रैकेट आसमान में उछाल दिया और 10 सैकिण्ड के लिए भगवान के दरबार में Thank कहने के लिए खो गई।

आखिर फैंस, मिडिया व सुरक्षाकर्मियों से घिरा सृष्टि का बगला मैंने बड़ी मशक्त से अन्दर प्रवेश किया। चहकती, महकती, चमकती, उछलती, बेकाबू सृष्टि ने आकर मेरे सीने को जकड़ लिया। उसका उत्साह देखकर लग रहा था कि वह मुझमें समा जाना चाहती है।

हमें ये जिन्दगी तुम्हारी देन है बेटे आज से हमारी हर साँस पर तुम्हारा अधि ाकार होगा—सृष्टि के पाना ने मेरे कन्धे पकड़ते हुए कहा।

मैंने कहा अगर मैं जिन्दगी देने वाला होता अंकल तो मेरी माँ असमय क्यों संसार छोड़ कर जाती। इस घड़ी की जन्मदाता सृष्टि की कड़ी मेहनत है। इस पलकी निर्माता सिर्फ और सिर्फ सृष्टि है।

मैं उस पल को याद करने में खो गया कि मेरा प्रयोग सफल हो गया और यह सिद्ध कर गया कि अच्छाई की हो चाहे बुराई की एक छोटी चिंगारी अगर सही जगह पर पड़ जाए तो वह सारे जहाँ को महका सकती है और जला कर नष्ट भी कर सकती है। सृष्टि-मानव मैं वादे के अनुसार Prize का सारा पैसा हमारे 'बड़े घर' को दान करती हूँ।

Prize ही नहीं बेटे मैं अपना बिजनैस और यहाँ तक कि ये घर भी सब उस भगवान के बसेरे में शामिल करने की इजाजत चाहता हूँ और सृष्टि के पापा की इस महान घोषणा ने मुझे व सृष्टि को हर्ष व आश्चर्य से भर दिया और उन्होंने मुझे व सृष्टि को अपने विशाल व पवित्र सीने से लगा लिया।

मैं सोचने लगा कि मैंने न एक पैसा खर्च किया न समय, न कोई शारीरिक ऊर्जा मैंने तो केवल लाचार, दुःखी सृष्टि को थोड़ा Motivate (प्रेरित) कर अच्छा किया था और विधाता ने मुझे इस छोटे से काम की कितनी बड़ी कीमत दी थी शायद इसे हम छप्पर फटना बोल सकते हैं।

दुःखी, लाचार को थोड़ी सी अच्छी दृष्टि से देखना ही कितनी बड़ी कीमत दे जाता है। यहाँ मुझे करोड़ों के साथ एक अनमोल, अतुलनीय सृष्टि जैसी देवी मिली थी। फिर क्यों लोग दुःखी, असहाय के लिए आगे नहीं आते मैं खोया हुआ था कि सृष्टि मेरे चेहरे को अपने कोमल हाथों से थपथपाती हुई बोली

Please इस वक्त कहीं नहीं जाना और मैं मुस्करा भर दिया।

सृष्टि मुझे तुम्हारा व अंकल का पाँच मिनट का वक्त चाहिए Please दे दो।

O.K. जिन्दगी भर का दिया क्यों पापा–सृष्टि ने कहा।

सृष्टि मैं यह नहीं कह सकता कि आगे कि मेरी जिन्दगी किसी हाइवे (Highway) पर सरपट दौड़ेगी। वह गहरी खाईयों, गड्डों व पहाड़ों पर छिलतीलुलुहान भी हो सकती है क्योंकि इससे आगे मेरा और बुराई का युद्ध (आमना-सामना) शुरू होने वाला है। और मैं नहीं चाहता तुम भी मेरे साथ घसीटती लुहुलुहान होती रहो इसलिए सृष्टि आज तुम्हारे पास सब कुछ है। एक 'स्वस्थ शरीर, पैसा, शोहरत और आगे का लम्बा सा शानदार जीवन' इसलिए मैं चाहता हूँ तुम अपने तरीके से आगे की शुरुआत करो।

सृष्टि मुस्कराते चेहरे को एकदम गम्भीर बनाकर कहा कि ये स्थिति और रास्ता तो आपके पास भी थे मानव फिर आपने कोई ओर रास्ता 'क्यों' नहीं चुना।

सृष्टि ने पूछा और मेरे पास इस 'क्यों' के लिए सिर झुकाने के सिवाये कोई शब्द नहीं थे। अब मानव आप मुझे रास्ता दिखाकर अब वापिस क्यों मोड़ना चाहते हो मानव जिस रास्ते पर आप मुझे मोड़ना चाहते हो। वो (मार्ग) इन्सान

का बनाया हुआ है। जो मुझे एक शहर से दूसरे वैसे ही शहर में लेकर जाएगा। यानी वही लोग वही इमारतें वही सड़के वही सब कुछ पर मानव जो तुमने रास्ता चुना है वो भगवान का बनाया है। जो सीधा हमें उनके चरणों में लेकर जाएगा। तो फिर मुझे छोड़ने लिए क्यों कह रहे हैं। मुझे बुरे पर क्यों धकेल रहे हैं। सृष्टि के सटीक प्रश्नों का मेरे पास कोई जवाब नहीं था। मैं अपने आप को अपराधी सा मान रहा था कि इस खुशनुमा व शानदार मौके पर मैंने सृष्टि का शायद दिल दुखाया था। मैंने Sorry के साथ आँसू डालती सृष्टि को अपनी बाँहों में दबा लिया।

* * *

आज एक और शानदार दिन था और आज हमारे बड़े घर की Opening का दिन था। मैं ईश्वर को धन्यवाद दे रहा था कि उसने इस महान काम के लिए हमें माध्यम बनाया और माँ से किया मेरे वादे का मान रख लिया।

सृष्टि ने इसकी Opening माँओ से कराने का एक सुझाव दिया।

मैंने व Team ने झट से इस शानदार सुझाव को मान लिया।

'बड़े घर' के सामने भारी भीड़ जमा हो गई थी। भीड़ की Main वजह मैं व सृष्टि भी थे जो अपने-अपने खेलों को लेकर सैलिब्रिटी बन चुके थे।

नं. 2 'बड़ा घर'। दुनिया का महँगा ना सही पर शायद दुनिया का सबसे बड़ा घर था।

सो भीड़ इसे भी निहारना चाह रही थी।

नं. 3 इसकी Opening एक सड़क पर रहने वाले व भीख माँगने वाले अपाहिज बच्चे के हाथों होने जा रही थी।

क्या माँओ ने यह कल्पना की होगी कि ऐसा दिन आ सकता है।

विवान ने मुझसे पूछा शायद नहीं होगी—मैंने कहा।

आपको इसमें भी शायद घुसेड़ने की क्या जरूरत महसूस हुई मानव भैया... आरिफ ने कहा।

शायद कि मुझे आदत हो गई है। शायद आगे-पीछे शायद ही शायद आरिफ बोला और हम ठहाके के साथ हँसे।

आखिर भीड़ में से खिसकते किसी तरह सुरक्षा पहरियों के सहारे हम बड़े घर के मेन गेट पर आ गए थे।

मैं बड़े घर को निहार रहा था कि काश आज माँ होती, मैं खोने ही लगा था कि सृष्टि ने मुझे हिलाया।

मैंने एकदम सृष्टि की ओर देखा कि वाह सृष्टि तुम्हारा पूर्व अनुमान कितना सटीक है कि इस मौके पर मैं माँ की कल्पनाओं में खो सकता हूँ।

हम सभी ने माँओ को उठा लिया सभी माँओ को छूना चाह रहे थे।

मैं फिर सोचने लगा कि वाह भगवान एक दिन वो था जब उस पापी दरिन्दे ने पैर से उठा कर फैंक दिया था और आज हर कोई माँओ को छूना चाह रहा है। भगवान कब किसको मूल्यवान बना दे, कुछ नहीं पता।

ओह, हमने ध्यान ही नहीं दिया माँओ के कैंची पकड़ने के बारे में—सृष्टि बोली पर माँओ ने अपनी टेढ़ी अँगुलियों को कैंची में फँसा लिया था। शाबास माँओ! शिवा ने माँओ की कमर थपथपाते हुए कहा। सभी ने माँओ को सहारा दिया और माँओ के हाथों...बड़े घर का द्वार खोला जा चुका था।

हम अन्दर प्रवेश कर गए और विवान मुझे व सृष्टि को अन्दर की सैटिंग दिखाने लगा।

ये स्कूल है...मानव भैया।

ये प्ले ग्राउण्ड है।

ये हॉस्पिटल।

और ये बड़ा हॉल। वह जगह है जहाँ बड़े बच्चे व दरिद्रजन अपना Part Time थोड़ा काम करके कुछ पूँजी जुटा सकते हैं।

हम देखते हुए आगे बढ़ रहे थे और Team हमारा परिचय करा रही थी। यहाँ आइए मानव भैया, ये देखिए।

वाह मेरे व सृष्टि के मुँह से एक साथ निकला।

हमने देखा कि यहाँ बहुत से घायल जानवरों का इलाज चल रहा था। यह दृश्य को देख मेरा रोम-रोम मुस्करा उठा और Team ने हमें आगे चलने की ओर संकेत किया।

ये Hostal एरिया है और हम अन्दर दाखिल हुए और नन्हे-नन्हे ईश्वरदूतों को देख कर मैं और सृष्टि खिल उठे।

ये वो असहाय बच्चे हैं मानव भैया, जिनका इस दुनिया में कोई नहीं है। दूसरे केबिन में वे बूढ़े बुजुर्ग थे जो किसी कारणवश या बुढ़ापे ने उन्हें असहाय बना दिया था।

हम मुस्करा रहे थे।

बच्चों ने हमें पहचान लिया था। सभी बच्चे दौड़कर मेरे व सृष्टि से लिपटते चले गए। आखिर ऐसा अनुभव तो आप शायद देवलोक में भी अनुभव न कर सकें।

मैं इनका अपार स्नेह देखकर सृष्टि से कह रहा था कि आखिर लोग अच्छाई से क्यों मुख मोड़े रहते हैं?

क्यों संसार के इस असली आनन्द से वंचित रहते हैं।

आखिर मेरी Team ने काम पूरी निष्ठा से निभाया था।

Team ने हमारी कल्पना के अनुसार 'बड़े घर' का निर्माण करवाया था। मैंने सृष्टि से कहा कि हम भाग्यशाली हैं कि भगवान ने इतने शानदार काम के लिए हमें चुना। देखो सृष्टि कैसे दुःखी प्राणियों का दुःख दूर हो रहा है।

इन नन्हें-मुन्ने असहाय बच्चों के सपने साकार होंगे जो इस दुनिया की रफ्तार में अलग-थलग पड़ गए थे सृष्टि हम यह तो नहीं कह सकते की ये दुनिया का सबसे शानदान घर है। पर ये संसार के आदर्श घरों में से एक है। हाँ मानव ये ना बंगला है ना फ्लैट है। न कोठी है। न महल ये सिर्फ घर है। दुनिया के सब दुखियों का घर सृष्टि धीरे-धीरे चारों ओर गर्दन घुमाती हुई बोली।

मेरा सपना

वाह क्या प्यारे दृश्य हैं! बिल्कुल स्वर्ग के समान तो मैं नहीं कह सकता क्योंकि स्वर्ग मैंने देखा नहीं था पर ऐसे शानदार दृश्य का अनुभव आज पहली बार हो रहा था। एकदम शान्त वातावरण हरे-भरे फलों से लदे वृक्ष, पक्षियों की चहचहाट, कूकती

कोयल, चारों ओर एकदम हरे गद्दे का-सा धरातल, ठण्डी-ठण्डी हवाएँ, मैं ऐसे चल रहा था जैसे धरती का मात्र स्पर्श कर रहा हूँ।

अचानक एक अजीब-सा दृश्य मेरे सामने आया जहाँ हाथी, शेर, गाय, भैंस, गधे, घोड़े लगभग सभी जानवरों की प्रजातियाँ एक साथ। मैं एकदम अवाक् रह गया। मैंने चारों ओर देखा और अपने चेहरे व आँखों को मला कि कहीं मैं सपना तो नहीं देख रहा। आखिर ये असम्भव सम्भव कैसे हो रहा था।

मैं अपनी साँसों व पैरों को तो बचाने में सफल रहा पर पसीने के पैर उखड़ने से नहीं बचा पाया। मैंने कुछ सैकिण्ड के लिए अपनी आँखें बन्द कीं। माँ व भगवान को याद किया और एक मजबूत हृदय के साथ उस इकट्ठे झुण्ड के समीप पहुँचा। ये झुण्ड मुझे कुचल न डाले इसलिए मैंने एक सपाट से ऊँचे नारियल जैसे पेड़ पर चढ़ने का निर्णय लिया।

पेड़ से मैंने देखा कि झुण्ड के अन्त में एक औरत जैसी परछाईं बैठी हुई थी जिसका चेहरा मैं नहीं देख पा रहा था और आखिर में वाह स्वयं भगवान उपस्थित थे। मैंने पेड़ को इतना कस डाला कि कहीं उसकी साँसें न बन्द हो जाएँ पर पेड़ के साथ ऐसा होने वाला नहीं था। कुछ सैकिण्ड में मुझे समझ आया कि यहाँ कोई बहस हो रही थीं। न्यायालय जैसा दृश्य था। जानवरों के मुख से इन्सानी आवाजें आ रही थीं। मैं पेड़ से चिपक गया और अपने कान फैला दिए। जानवर कह रहे थे हे देवी! हम भगवान से प्रार्थना करने आए हैं कि इन्सानों को दी गई मस्तिष्क रूपी शक्ति का अब समीक्षा का वक्त आ गया है क्योंकि आधी इन्सानी आबादी उसका गलत इस्तेमाल कर रही है और बची आधी ने तो उसे खोलकर भी नहीं देखा इसलिए उसके पास रखने का क्या फायदा। इसलिए हे भगवान एक बार हमें भी अपनी योग्यता दिखाने का मौका दिया जाए। इसी बीच दैवी शक्ति उठी और बोलना शुरू किया। दैवी शक्ति की आवाज में मेरे अन्दर अजीब-सी बैचेनी उत्पन्न कर दी। मुझे ऐसा महसूस हुआ कि जैसे इस आवाज से मेरा कोई नाता हो। ये आवाज मेरे चेहरे पर स्नेह का आँचल डाल रही थी और शायद मैं इसका पहली बार जैसे सामना नहीं कर रहा था परन्तु इस वक्त वह शक्ति क्या बोलने वाली थी यह सुनना जरूरी था। मैं सुनने की कोशिश करने लगा। दैवी शक्ति कहने लगी कि आप इन्सानों पर ये आरोप कैसे लगा सकते हैं। इन्सानों ने तो आपने देखा होगा ऐसे-ऐसे यन्त्र बना रखे हैं जिनसे धरती तो क्या आसमान व पानी पर एक ही मनुष्य

सैकड़ों-हजारों को लेकर कुछ ही समय में सैंकड़ों-हजारों मील पहुँचा देता है। हजारों मील दूर की चीजों को वह एक जगह बैठा देख व सुन पा रहा है। यहाँ तक कि उसने ऋतुओं तक को प्रभावहीन बना डाला है। अब कड़ाके की सर्दी और झुलसाती गर्मी उसे कोई पीड़ा नहीं पहुँचा सकती। ऐसे-ऐसे महलों का निर्माण कर रखा है कि हमारे राजा इन्द्र का मन भी कई वर्षों से उनमें आराम फरमाने के लिए मचल रहा है। वह प्रतिदिन इस पृथ्वीलोक के लिए कल्याणकारी व शानदार चीजों की खोज कर रहा है। फिर तुम ये आरोप कैसे लगा सकते हो? इस बीच जानवर प्रतिनिधि उठा और कहने लगा, हे देवी ऐसा करने वाले कुछ मुट्ठी भर ही इन्सान ही हैं। शातिर और धोखेबाज इन्सानों ने आपको सिर्फ एक ही पहलू दिखाया है। आप तो अन्तर्यामी हैं सो देवी एक बार फिर निरीक्षण करें परन्तु फिर भी हम अपना पक्ष रखते हैं। हे देवी! ये देखिए इस मासूम से हिरण को जिसके बच्चों को उस अन्नायी इन्सानों ने सिर्फ अपने मनोरंजन के लिए मार डाला। हे देवी! इस गजराज को देखें जिसके मुँह से खून बह रहा है। एक तुच्छ-सी चीज धन के लिए इसके दाँतों को उखाड़ डाला। हे भगवान! इस बेकसूर मछली रानी को देखें जिसने न तो इस धरा पर तिल मात्र जगह घेर रखी है न वह समुद्रों से निकल कर हानि पहुँचाने आती, न इन्सानों की दिनचर्या में कोई दखल डालती। आप इन्सानी वर्ग से पूछें कि ये हमारी बहन उनका क्या हिस्सा हड़प रही हैं। उनका किस प्रकार से बुरा कर रही हैं। उस स्वार्थी इन्सान से पूछें कि फिर क्यों वह इन बेकसूरों को अपने मस्तिष्क रूपी जाल में फँसा-फँसा कर मार रहे हैं। हे भगवान, आपने कितनी सुन्दर प्रकृति बनाई है। ये देखें चारों ओर स्वादिष्ट फलों से लदे वृक्ष और इस धरती माता को एक-से-एक स्वादिष्ट व पौष्टिक चीजों से भर रखा है। फिर भी ये अन्नायी इन्सान हमारी लगभग सभी प्रजातियों को चबा-चबाकर निगलता जा रहा है। कई प्रजातियों को तो उसने लुप्तप्राय ही कर दिया है। ये इन्सान इतना जहरीला हो गया है कि हमारे बन्धु सर्प को भी चींटी की तरह चबा जाता है। हे भगवान, स्वार्थ व अन्याय का इससे बड़ा उदाहरण और क्या होगा ये देखे बेचारे निःस्वार्थ वृक्षों को जो उसे मीठे स्वादिष्ट, पौष्टिक फल, शुद्ध शीतल छाया बगैर कुछ लिए इन्सान की सेवा कर रहा है पर वह महास्वार्थी इन्सान इन्हें भी नहीं बख्श रहा है। हे ईश्वर उसके बड़े-बड़े महलों को देख असहाय, मासूम बच्चे ठण्ड व गर्मी से बाहर सड़कों पर दम तोड़ रहे हैं और वह स्वार्थी इन्सान इन विशाल महलों में अकेला सोया हुआ है। हे भगवान क्या आपको और भी सुबूत चाहिए।

हे ईश्वर हमारी व बेचारे पेड़-पौधों की तो बात छोड़ दें, आज इन्सान अपनी स्वयं की जाति, देश, समाज अपने बन्धुजन यहाँ तक कि अपने परिवार, बच्चों का भी नहीं रह गया है। पिता अपनी पुत्री, भाई अपनी बहनों से बलात्कार करने लगे हैं। तुच्छ से धन के लिए अपने बन्धुजन व अपने माता-पिता तक की हत्याएँ कर डालता है। दुनिया की सबसे महान दौलत 'बुद्धि' सम्पन्न होने के बावजूद वह दो, पाँच रुपए के लिए भी हत्याएँ कर डालता है। हे भगवान एक दूसरे से छीना-झपटी चल रही है।

हे ईश्वर, आपकी इस मस्तिष्क रूपी शक्ति का दुरुपयोग कर एक इन्सान लाखों के हिस्से का धन लिए बैठा है। उसकी अपनी जाति जो किसी वजह से असहाय व लाचार रह गई है, हाथ फैला रही है और वह उसे ठोकर मार रहा है। हे देवी! हम कम-से-कम दूसरों का तो नहीं हड़प रहे। हे देवी! हम तो बे-बुद्धि के जानवर हैं। इन्सान तो दिमागी शक्ति संपन्न है। इसके बावजूद अधिकतर मामलों में वह हमसे पिछड़ा हुआ है। हे ईश्वर हम जानवर होते हुए भी अपने व अपने बच्चों का पेट भर लेते हैं पर बहुत-सी इन्सानी आबादी तो ऐसा भी नहीं कर पा रही।

हे भगवान, इन्सान ने ऐसी-ऐसी जहर व अग्नि तैयार कर रखी है जिससे हम जानवर पेड़-पौधे तो क्या वह इस पूरी पृथ्वी को एक दिन जीवविहीन बना देगा क्योंकि उसने पृथ्वी लोक को जीवविहीन व बदरंग करने का सामान तैयार कर रखा है। इसलिए देर ना करें, घोर विनाश की ओर बढ़ते इन्सान को रोकिए और मस्तिष्क रूपी शक्ति उससे छीन कर अपनी योग्यता दिखाने का मौका एक बार हमें भी दें। आखिर उनके Leader ने अपना पक्ष रख दिया था। जज के रूप में बैठी देवी खड़ी हो गई और ईश्वर की ओर फैसला लेने के लिए घूमी।

माँ, मैं चिल्ला उठा। मेरे हाथों ने पेड़ को छोड़ दिया और माँ से लिपट जाने की ओर फैल गए। मैं धड़ाम् से नीचे गिरा और मेरा सपना माँ के मिलन से पहले ही टूट गया।

मैंने चारों ओर माँ को निहारा और माँ की यादों में खो गया कि माँ चाहे सपने में हो उसकी झोली सन्तान के लिए कभी खाली नहीं रहती। अब भी माँ मुझे स्वर्ग से ज्ञान बाँट रही थी। मैं माँ के दिखाए सपने का महत्व समझ गया था और सुबह होते ही मैंने सृष्टि, सहित Team के सदस्यों को इकट्ठा किया व माँ के सपने के बारे में समझाया। मैंने माँ के दोनों नक्शों को आगे रख दिया और उनके महत्व पर बात करने लगे। माँ का दिखाया सपना और उनके दोनों नक्शे मुख्यतः तीन बिन्दुओं पर काम करने के लिए प्रेरित कर रहे थे।

नं. 1 दरिद्र वर्ग–जगाने का काम करना है।

नं. 2 अमीर वर्ग–मानव जाति के उद्देश्य के समीप लेकर जाना।

नं. 3 अन्नायी वर्ग–कठोरता के साथ उद्देश्य समझाना नहीं तो नष्ट करना था।

यानि तीनों ही वर्ग जानवरों की ओर बढ़ ही नहीं रहे थे, जानवरों के समूह में मिलते जा रहे थे और हमें इन लोगों को रोकना था। मैंने Team से कहा कि दुनिया में अच्छाई ही शायद एक चीज है जिसकी सीमाएँ नहीं होतीं। सो हमें बड़े घर के पार देखना होगा और दायरे से लिपटी सोच को फैला कर विश्व एक परिवार पर लेकर चलना होगा। इस बड़े घर या संसार की ऐसी संस्थाओं में वही जरूरतमन्द आए जो या तो शारीरिक रूप व मानसिक रूप से अपंग, अक्षम या फिर बच्चे जो चाहते हुए भी कुछ नहीं कर पाए।

ये लोग आगे बैठने में बिल्कुल निर्दोष होते हैं। जो लोग शारीरिक व मानसिक रूप से स्वस्थ हैं पर किसी वजह से वह गरीब, असहाय बने हुए हैं, उन्हें बड़े घर से बाहर ही सक्षम बनाया जाएगा क्योंकि ये तो हमारा ही एक स्वार्थ माना जाएगा कि हम भगवान व दुनिया को ये दिखाये कि हम इतने लोगों की आजीविका चला रहे हैं। उनका जीवन चक्र चला रहे हैं।

इसलिए हमें संख्या पर नहीं जाना। हम चाहते हैं कि शारीरिक व मानसिक रूप से स्वस्थ गरीब मालिक बनें नौकर नहीं। सृष्टि, सहित पूरी Team मुझे गम्भीरता से सुन व समझ रही थी। तो क्या हमें बड़े घर को किसी एक सदस्य के हवाले कर देना चाहिए। मैंने Team से पूछा और सभी ने एक साथ सहमति दी। पर वह कौन होगा मैंने पूछा? सृष्टि, विवान, शिवा, आरिफ एक स्वर में बोले।

क्या तुम तैयार हो सृष्टि–मैंने पूछा?

यह मेरे लिए सौभाग्य होगा! सृष्टि अपने हाथ जोड़ती आसमान की ओर देखते हुए बोली।

क्या आप लोग इस खतरनाक, चुनौतीपूर्ण और इस विशाल रास्ते पर मेरे साथ चलने के लिए तैयार हैं–मैंने विवान, शिवा, आरिफ से पूछा?

ये आपको पूछने की जरूरत क्यों महसूस हुई मानव भैया! क्या हमने ऐसे संकेत दिए हैं जिससे आपको शंका हुई तीनों एक स्वर में बोले।

आप लोगों को लम्बा जाने की जरूरत नहीं है। यह तो मेरा फर्ज था।

परन्तु मानव भैया क्या आपका यह व्यक्तिगत काम है। यह तो इन्सानियत है। कौन इस अभियान में शामिल नहीं होना चाहेगा–शिवा ने कहा।

फिर भी काम के बारे में एक विचार करने का समय जरूर लेना चाहिए, ये भी इन्सानी फर्ज है। मैंने कहा।

हम विचार करके अच्छाई का अपमान नहीं कर सकते आरिफ ने कहा और तीनों ने संयुक्त सहमति जताई और हमने अपने-अपने काम बाँट लिए।

पहला कदम

आज मैं अपनी Team के साथ अपनी दूसरी जिन्दगी के पहले काम पर था। हम उस स्थल पर पहुँचे जहाँ एक भ्रष्ट नेता अपनी दूसरी पारी के लिए निर्णायक चुनावी रैली को सम्बोधित करने वाला था।

भारत देश में भीड़ की अधिकता का वर्णन करने की कोई जरूरत ही नहीं। भीड़ ऐसी थी जहाँ कोई चींटी भी बिना कशमकश के मंच तक ना पहुँच सके। भीड़ के जयकारों से सारा माहौल प्रदूषित कर रखा था। मानव भैया ये तो जहर को उठाकर खुद मुँह में डालना या चाकू उठा कर खुद पेट में घुसेड़ने जैसा हुआ और ये लोग खुद ये सब कर रहे हैं तो हम कैसे व कब तक रोक सकते हैं। आरिफ ने कहा।

मैंने आरिफ से कहा कि ऐसी घटना कौन कर सकता है? अपने होश-हवास में इन्सान ऐसा क्यों करेगा? ऐसी प्रक्रिया तो वही करेगा आरिफ जो पागल हो या फिर अपने पूरे होशो-हवास में ना हो। आरिफ ये पागलपन की सबसे खतरनाक स्टेज है। जिसके लक्षण शुरुआत में दिखाई ही नहीं देते और जब दिखाई देते हैं उस समय सब कुछ हो चुका होता है।

आरिफ इस बीमारी का इलाज न तो चिकित्सक जगत के पास और पहली बात तो इन्हें खुद नहीं पता कि ये भयंकर बीमारी से पीड़ित हैं। और ये भयंकर छुआ-छूत की बीमारी है। जो आने वाली पीढ़ियों को भी आने आगोश में जकड़ रही है।

हमें इन अर्धःमृक्षित लोगों को जगाना होगा। ये लोग सोने व जागने के बीच में अटके पड़े हैं। और हमें इन्हें झिझोड़ना ही नहीं बल्कि हरसम्भव जगाना होगा

क्योंकि अगर इन लोगों का पागलपन यहाँ ठीक हो गया तो समझो दुनिया की आध ी बीमारी दूर हो गई क्योंकि दोस्तों। दुनिया का सारा गलत एक पलड़े में और भष्ट्र नेताओं का गलत दूसरे पलड़े में रख दे तो सन्तुलन बन जाएगा।

हम बातचीत करते-करते किसी तरह स्टेज पर चढ़ गए और भीड़ व नेताजी सहित चारों ओर खामोशी-सी दौड़ गई। पर शायद भीड़ व नेता जी की खामोशी के कारण अलग-अलग थे। भीड़ शान्त होकर मुस्कराते चेहरे से हाथ हिला रही थी और नेता जी उलझन में थे कि आगे क्या होने वाला है।

मैंने नेताजी से माइक छीन लिया और भीड़ से कहा कि सबसे पहले तो 10 सैकिण्ड के लिए अपनी आँखें बन्द करके यह सोचें कि यह जय आप क्यों, किसकी व किसलिए बोल रहे हैं?

फिर अगले क्षण मैंने कहा आप लोग पिछले 10 साल में नहीं सोच पाए तो 10 सैकिण्ड में कैसे सोचोगे।

आज दोनों तरफ भगवान हैं। नेताजी के लिए भीड़ भगवान का रूप और भीड़ के लिए नेता, वाह क्या प्रेम है।

हे भीड़ आज मौका है। नेताजी भगवान बनकर तुम्हारे बीच आए हैं। इस महान आत्मा से आज तो आप 500 वर्ष की उम्र माँगोगे तो यह 'तथास्तु' ही बोलेगा और मुझे विश्वास है तुम सोचने की बजाय फिर जयकारे से उसका स्वागत करोगे।

चलो मैं तुम्हें इस महान नेताजी की महानता में घुमा कर लाता हूँ। मैंने विवान की ओर देखा और उसने एक लम्बी-सी लिस्ट मेरी ओर बढ़ा दी।

लगभग 15 साल पहले आपके भगवान के पास थी कुछ शराब की बोतलें और आज 500 करोड़ व देश के 10 शानदार शहरों में 10 बंगले थे। ये देखिए मैं Property गिनाने लगा।

दिल्ली में Flat, बंगलौर में बिजनैस, चैन्नई में बिजनैस, कोलकाता में बिजनैस व Flat Stock Marker में कई करोड़ का इन्वेस्ट, सोनाभी महँगा किया। इन्होंने और चलते-चलते नेताजी की रेल दुबई पहुँच गई।

वाहः नेताजी कमाल कर दिया आपने। पूरी दुनिया मिलाकर आपको पुरस्कृत करे कि नेता जी ने शराब से चलने वाली रेलगाड़ी बनाई है। आओ स्लूट करे इस

महान खोज को और नेता जी की गाड़ी की खूबी देखिए यह रोड़ पर भी पटरी पर भी पानी व हवा में दौड़कर दुबई पहुँच जाती है।

ठेंगा दिखा दिया है दुनिया के वैज्ञानिकों, इंजिनियरों को जिसको महँगे पेट्रोल, डीजल का तोड़ नहीं मिल रहा था। सरकार को भी दाम घटाने बढ़ाने में दिक्कत आ रही थी उसके वोट बैंक पर असर हो रहा था।

यहाँ तक कि नेता जी ने बिजनैस विशेषज्ञों को जो Step to Step रेंग रहे थे। प्रतिस्पर्धा ने उसका बुरा हाल कर रखा था उनके लिए भी नेता जी ने Short cut मारा है। कम समय में मुनाफा ही मुनाफा जैसे क्रिकेट में कमेंटेटर बोलता है कि बैट्समैन ने मात्र दिशा दे दी बॉल को और बॉल सीधे 6 रन के लिए बाहर उसी तरह नेताजी ने भी बिजनैस की दिशा बदल कर रख दी।

चलो नेताजी आप जनता की सेवा ही करना चाहते हैं तो इससे बड़ी और सेवा क्या होगी। सो आप आज इस तरक्की का तरीका जनता को बताएँ कि कैसे 100 रुपये को 10 वर्ष में 500 करोड़ बनाया जा सकता है।

वैसे भी ज्ञान बाँटने से बढ़ता है। विद्या को कोई नहीं चुरा सकता।

नेताजी का चेहरा सफेद व बी.पी. High हो गया था। धड़कन उसके मांसल सीने से बाहर आकर ढपली बजा रही थी।

ऐसे लग रहा था जैसे नेताजी नहीं कोई निष्प्राण मांस के लोथड़े जैसे मेरे साथ दाएँ से बाएँ लुढ़क रहा हो।

जनता शायद अभी भी नेताजी को निहार रही थी कि इस महान तरक्की का रहस्य निकल कर उसके सीने पर पड़ेगा।

पर नेताजी निस्प्राण हो गया था और प्राणों के बिना मिट्टी क्या बोलती।

मैंने नेता के झुके चेहरे को अपने हाथ का सहारा देकर जनता की तरफ ऊपर उठाया।

अगर आप नहीं बताओगे नेताजी तो आप पब्लिक के दुश्मन हुए यानी आप समाज की तरक्की नहीं चाहते तो जनता भला अपने दुश्मन को क्यों चुनेगी? चुनाव जनता को करना है ये जनता और ये आप, कहते हुए मैंने दोनों हाथ फैला दिए।

हे भीड़, पूछो समय पर खामोश क्यों हो गए–मैं ऊँची आवाज में चिल्लाया।

हे भीड़, जिसके पास आँखें नहीं वह अंधा नहीं, जिसकी आँखों के सामने 10 साल तक जो हुआ और दिखाई ना दिया वह अंधा है। हे भीड़ अगर तुम भेड़ बने रहे तो ये भेडिए तुम्हें खा जाएँगे।

हे भीड़ ये मायावी लोग हैं। आज भगवान का मुखौटा लगा रखा है। चुनाव तक कई रोल करेंगे।

कभी झोली फैलोकर भिखारी बन जाएँगे।

कभी जनता को माता व पिता तुल्य बताकर होनहार सपूत बन जाएँगे, कभी बहनों के रक्षक बन जाएँगे।

लेकिन समस्या ये है कि ये सारे Role यानी इन सम्बन्धों की अल्पायु है।

उम्र सिर्फ चुनावी तारीख समय 5 PM तक, बाद में इन जैसे मायावी इन मुखौटों को पाँच साल के लिए पाताल में दबा आते हैं। इसलिए हे भीड़ जयकारे से पहले सोचें हम किसकी जय और क्यों बोल रहे हैं।

मैंने नेताजी को एक ओर धकेल दिया और वापिस मुड़ा तो देखा कि एक जाना-पहचाना चेहरा मेरा इन्तजार कर रहा था। मैंने कुछ ही सैकिण्ड लिए पहचानने में और आखिर ये वही मोची था जिसने मेरे जूते ठीक किए थे।

वह मोची मेरे पैरों की ओर झुका लेकिन मैंने उसके कंधे पकड़ लिए। मोची ने पब्लिक को अपना परिचय दिया कि 10 साल पहले वह एक फुटपाथ पर मोची था और आज एक 100 करोड़ की फुटवियर कम्पनी का मालिक और मोची ने तरक्की इस सफर का रास्ता जनता के सामने रखा।

मोची ने कहा कि आज मैं जो कुछ हूँ मानव भैया की वजह से हूँ। मैंने कहा शायद ऐसा नहीं है। आप अपनी मेहनत व भगवान के आशीर्वाद की वजह से हैं।

मोची ने मुझसे माइक माँगा और कहा कि मैं अपनी 100 करोड़ की सम्पति को मानव भैया से प्रेरित होते हुए जन कल्याण के लिए दान करता हूँ और पब्लिक में जैसे बिजली का करंट छोड़ दिया हो।

मेरे शरीर में भी हल्की सनसनाहट हुई और मेरी त्वचा के बालों ने भी कान उठाकर इस शानदार व महान घोषणा को सुना।

अब पब्लिक से जो शोर आया उसे शोर नहीं कहा जा सकता।

मैं फिर उसी नेताजी के पास गया कि क्या आप भी इस स्वच्छ व शानदार प्रतिस्पर्धा में शामिल होना चाहेंगे।

चुनाव तो इसी पब्लिक को करना है चाहे अभी या दो दिन बाद और भीड़ ने चुनाव शायद अभी करने का निर्णय ले लिया है।

चलो 500 करोड़ में से आधी रख क्या आधी जन-कल्याण हेतु देंगे? अगर नहीं तो ये मुखौटा उतार फैंकें। कहकर मैं नेता जी का फुटबॉल जैसा चेहरा अपने दोनों हाथों से नोचने लगा।

ये जन अपने दुश्मन को अपना प्रधान क्यों बनाएँगे?

मैं फिर मोची की तरफ आया और मैंने भीड़ से कहा कि हे भीड़, इस सज्जन को ऊपर उठना भी आता है और त्याग करना भी और इस पद के लिए ये मापदण्ड जरूरी होते हैं और भीड़ मोची के जयकारों में रंग गई।

आखिर जयकारों को चीरते हुए हम भी आगे बढ़ गए और कुछ दिनों बाद मोची भारी मतों से विजय घोषित हुए।

मैं खुश था कि हमारी दूसरी पारी के पहले काम में हमें कामयाबी मिली थी।

दूसरा कदम

आज हमने विशाल दरिद्र समूह को इकट्ठा किया था।

हम दरिद्रों के विशाल समूह के बीच थे...

मैंने दरिद्र समूह को दो भागों में बाँट दिया था। एक तरफ बच्चे व असहाय अपंग व दूसरी ओर हृष्ट-पुष्ट जवान।

बच्चों की ओर देख मैं अपने बचपन के अतीत में चला गया। यहाँ मेरा और इनका सब कुछ बराबर था।

एक समय होता है जब सब कुछ बराबर होता है। फिर आखिर चूक कहाँ होती है। इस पिछड़ने का कारण कैसे उत्पन्न होता है और इसका जिम्मेवार किसे माना जाए, पर मुझे लगा कि इस पिछड़ने वाले को पूरी तरह से जिम्मेवार नहीं ठहरा सकते। आखिर फर्क का मोटा कारण मैंने खोज निकाला। इन्हें बस जरूरत थी तो एक मेरी माँ जैसी माँ की और मैंने इन बच्चों की माँ बनने का निर्णय लेने में सोचने व विचार करने की जरूरत नहीं समझी। दूसरी ओर मेरे पास जो समूह था उसकी तुलना के लिए मैं शब्द चयन करने लगा, पर शायद इसके लिए मुझे इस माथे पर रेखाएँ बनाने की जरूरत नहीं थी।

मैंने माँ और मेरे अनुभव से तैयार इन्सानी चश्मा अपनी आँखों पर डाला और उसने खाली मैदान दर्शा दिया। इस पर मुझे कोई आश्चर्य नहीं था। फिर मैंने जानवर रूपी चश्मा डाला पर इस बार भी मैदान में कोई Entry नहीं थी।

सो मैंने इसी समूह के पास जाने का निर्णय लिया।

हे समूह! सबसे पहले आप मुझे अपना परिचय दें।

दो Option हैं। इन्सान या पशु, आप इनमें से क्या हैं।

हल्की-सी मुस्कान में लिपटी भीड़ से आवाज आई—इन्सान।

कैसे, साबित करें—मैंने कहा।

हमारी शक्ल-सूरत कोई भी देखेगा हमें इन्सान बोलेगा—भीड़ से आवाज आई।

इसे आप साधारण-सा या बेतुका-सा जवाब कह सकते हैं। मैंने आरिफ की ओर गर्दन घुमाई और उसने एक कागज मेरी और बढ़ा दिया जिस पर गाड़ी का चित्र छपा था। मैंने भीड़ की तरफ Show करके पूछा कि यह क्या है?

भीड़ से आवाज आई कि रेलगाड़ी।

मैंने एक हाथ से चित्र को तोड़-मरोड़ कर फैंकते हुए पूछा कि कोई भारी रेलगाड़ी को एक हाथ से कुचल कर फैंक सकता है?

भीड़ से आवाज आई—नहीं यह मात्र चित्र था।

यानी यह रेलगाड़ी नहीं थी—मैंने पूछा?

नहीं—भीड़ से आवाज आई।

यानी रेलगाड़ी बनने के लिए उसे दौड़ाना पड़ेगा और अपने उद्‌देश्यों पर खरा उतरना होगा।

क्या मैं ठीक कह रहा हूँ—मैंने पूछा और भीड़ की गर्दनों ने हाँ का चिह्न बनाया। तो हे भीड़ सिर्फ शक्ल मिलने से हम उसे गाड़ी नहीं बोल सकते तो आप सिर्फ शक्ल मिलने से इन्सान कैसे हो सकते हैं। सारा समूह एक-दूसरे की ओर देखने लगा और मैं भी उनके अगले उदाहरण के लिए कुछ सैकिण्ड रुका। परन्तु समूह ने मेरा प्रश्न मुझ पर फैंक दिया जिसका मुझे पहले से ही आभास था कि ऐसा होगा। मैंने भीड़ से कहा—

नं. 1. मैं हजारों बच्चों को उनके सपने साकार करने उन्हें संसार के लिए उपयोगी बनाने में उनकी सहायता कर रहा हूँ जबकि पशु ऐसा नहीं करते।

नं. 2. मैं उस अपंग-असहाय जीवों का दुःख दूर करने की कोशिश कर इस संसार को सुख व शान्ति की तरफ बढ़ा रहा हूँ। क्या आप ऐसा कर रहे हैं? आप इस संसार को पशु से ज्यादा या अलग क्या दे रहे हैं। सारा समूह एक दूसरे की तरफ मौन भाव से देखने लगा और मैं शान्त हो गया क्योंकि मुझे पता था कि खोजने के लिए इनके पास कुछ नहीं है। ये समूह एक दूसरे से खोजने की गलत क्रिया कर रहा था जबकि खोजना तो इन्हें अपने आप में था।

यानि आप इन्सान नहीं हैं—मैंने पूछा और कुछ सैकिण्ड बाद चिल्लाया—मैं तुम्हें बुत के रूप में नहीं देखना चाहता। मैं यहाँ पत्थरों से बात करने नहीं आया हूँ। पर भीड़ में लाचारी का सन्नाटा था। मुझे पता था कि उनका शब्द भण्डार खाली है और प्रति उत्तर के लिए उनके पास कुछ नहीं है। आखिर मुझे लगा कि सन्नाटा तोड़ने की शुरुआत मुझे ही करनी होगी, सो मैंने भीड़ की उलझन कम करने के लिए फिर प्रश्नोत्तर शुरू किए। मैंने पूछा कि हे भीड़! किसी के पास अन्न के भण्डार भरे हों और वे भूख से मरें शायद ऐसा कार्य तो पशु भी नहीं करेंगे।

तो आप लोग ऐसा करने वालों को क्या नाम देंगे, पशु या पशु से भी बदतर।

वह पशु से भी बदतर होगा—भीड़ से आवाज आई।

मैंने फिर आरिफ की ओर गर्दन घुमाई और उसने मस्तिष्क का आवरण मुझे थमा दिया। मैंने उसे भीड़ को दिखाते हुए कहा कि हे भीड़! इस मस्तिष्क रूपी मशीन ने ये सारा संसार रचा है। इसके लिए अन्न के भण्डार तो छोटी-सी चीज हैं और ये

तुम सब लोगों के पास है। तो क्या आप लोगों को पशु से भी बदतर बोला जाए। मैं ऊँची आवाज में चिल्लाया और भीड़ में फिर सन्नाटा छा गया।

हे भीड़! आपके पास कोई मशीन या ऐसी वस्तु हो जिसे आपके Use के बाद उसे बेचकर उसकी कीमत उठानी हो तो आप लोग उसका ठीक प्रयोग करेंगे। उसे नए के जैसा रखने की कोशिश करेंगे। क्या ऐसा ही है—मैंने भीड़ से पूछा?

हाँ ऐसा ही है—भीड़ से आवाज आई।

मैं फिर उस मस्तिष्क रूपी आवरण की ओर इशारा कर चिल्लाया—तो क्या इस मशीन का आज तक कोई खरीदार मिला है।

शायद ये तो आप लोगों के साथ धोखा ही हो रहा है कि दुनिया की सबसे कीमती चीज को कोई दो रुपए में भी नहीं खरीदता।

मैं कुछ देर रुका और फिर उसी गम्भीरता से चिल्लाया—तो इसे अभी तक सील पैक क्यों रखा गया है।

हे भीड़! अभी वक्त है। इसका कवर हटाइए। हे भीड़! यही संसार की एकमात्र वो चीज है जो जितना Use करोगे उतनी ही बढ़ती जाएगी और मैं फिर शान्त हो गया। हाथ में दूसरा निवाला लेकर पहले को गटक जाने का इन्तजार करने लगा। भीड़ में मिश्रित सी हलचल थी किसी के माथे पर रेखाएँ थी तो कोई अपना सिर खुजला रहा था। किसी की गर्दन नीचे थी तो कोई एक-दूसरे की तरफ शून्य भाव से देख रहा था।

सन्नाटा मुझे तोड़ना था। हे भीड़! क्या ये जीवन गाड़ी है कि एक गई और दूसरी आएगी और ये वो सुबह भी नहीं कि आज शाम हो गई तो क्या हुआ। कुछ घण्टे बाद फिर सुबह हो जाएगी।

बोलिए हे भीड़! क्या ऐसा है और भीड़ की गर्दनों ने नहीं का चिह्न बनाया। तो क्या आप लोग भगवान की आज्ञा के लिए बैठे हैं कि भगवान आएँगे और तुम्हारा हाथ पकड़ कर उठाएँगे—मैं फिर चिल्लाया। भीड़ को आखिर कुछ समझ नहीं आ रहा था कि आखिर ये हो क्या रहा है।

मैं भी उनको और गहरा ले जाना चाह रहा था। उनकी उलझन पर जाते हुए फिर कहने लगा कि हे भीड़! चलो अब मैं आपको एक ऐसी चीज देता हूँ जिससे

आप पहाड़ों को भी चीर सकोगे यानि पहाड़ आपको रास्ता दे देंगे, पानी पर फर्राटे से दौड़ सकोगे और आसमान में उड़ सकोगे। आप लोगों की फरमाइशें झट से पूरी हो जाएँगी। परन्तु क्या आप तब भी भूखे व नंगे बने रहेंगे।

अगर ऐसा हुआ तो शायद इस ब्रह्माण्ड में आपसे तुच्छ चीज कोई हो ही नहीं सकती। मैंने भीड़ से पूछा और भीड़ ने हाँ में सिर हिलाया। तो बाँटना शुरू करें—मैंने पूछा और भीड़ में कुछ सुगबुगाहट-सी होने लगी।

मैं कुछ देर शान्त रहा और फिर कहा—मैं इसलिए तो आया हूँ।

हे भीड़! यही वो चीज है। मैंने मस्तिष्क के आवरण को ऊँचा उठाकर उसकी ओर इशारा कर फिर चिल्लाया। इसी मस्तिष्क रूपी मशीन से ही लोगों ने पहाड़ों को चीर कर रास्ते बना डाले। पानी व आसमान पर फर्राटे से दौड़ रहे हैं। हे भीड़! यही भगवान का इन्सान को दिया वो महान तोहफा है जो हमें पशुओं से अलग व ऊपर करता है। तो क्या अब आपको दुनिया का सबसे तुच्छ प्राणी समझना ठीक रहेगा।

हे भीड़! मृग पर क्यों हँसते हो तुम। वो तो बेचारा पशु है। क्यों इन्सान होने का दम्भ भरते हो? जाओ जंगलों की ओर प्रस्थान करो और ये दुनिया कुछ करने वालों के लिए खाली करो। भीड़ में पूरी तरह से सन्नाटा बिखर गया था। मुझे नहीं पता कि उनके अन्दर क्या चल रहा था लेकिन बाहर से उनके चेहरे सफेद पड़ गए थे। पर मेरी स्क्रिप्ट की डोर अभी और बाकी थी सो मैं फिर चिल्लाने लगा।

हे भीड़! इस छोटी-सी दिखने वाली मशीन का साइज पहचानिए। कितनी विशाल एवं मूल्यवान चीज है तुम्हारे पास। देखिए इस छोटी-सी दिखाई देने वाली इस मशीन ने पृथ्वी पर कितनी विशाल और कैसी-कैसी चीजों को जन्म दिया।

तुम्हारे पीछे ये गगनचुम्बी इमारतें ये गाड़ी, ये सड़के, सब इसी के अन्दर से निकली हैं और हे भीड़! आप लोग इसे छोटी व साधारण मान बैठे हो तभी रेंग रहे हो। हे भीड़! इसकी कीमत व साइज पहचानिए और मैंने काफी देर बाद आरिफ कि ओर गर्दन घुमाई और उसने मुझे महापुरुषों के चित्रों का एक बैनर थमा दिया।

मैं उसे भीड़ की ओर घुमाने लगा। हे भीड़! कुछ क्षण के लिए इन तस्वीरों में खो जाइए। ध्यान से देखो दो आँखें, दो हाथ, दो पैर यानि इन महान लोगों के पास ऐसा क्या है, या फिर तुमसे ज्यादा है। जो चीज इन महान हस्तियों के पास है, वही तुम्हारे पास भी। फिर आप जैसे लोग तो ये भी नहीं कह सकते कि ईश्वर ने तुम्हारे

साथ पक्षपात किया है। हे समूह जागिए, कितना सो चुके हो। सोना तो इस शरीर रूपी मशीन को कुछ आराम देने का माध्यम है।

नींद की अवधि जितनी बढ़ती जाएगी, कामयाबी उतनी ही घटती जाएगी।

हे भीड़! एक मिनट आँखें बन्द करके यह सोचें कि करोड़ों-अरबों वर्षों में कितने जन्मों के बाद आपको इस उच्चकोटि वर्ग में जीवन मिला है। सो इसका लाभ उठाइए। इतने श्रेष्ठ वर्ग में जन्म के बाद भी अगर आप रेंग रहे हैं, तो उसके लिए कहीं कोई जगह नहीं हो सकती।

हे भीड़! ये तो सारे संसार का नियम है, जो अच्छा करके दिखाता है, उसे ही दूसरा मौका मिलता है और यहाँ आपको भगवान देख रहे हैं और यहाँ कोई पक्षपात नहीं होता। यहाँ आप अपने आप के सिवा किसी को धोखा नहीं दे सकते हैं।

मैं बोलता जा रहा था और भीड़ मुझे शान्त होकर सुन रही थी। सो हे भीड़! जागिए अभी भी जीवन रूपी डोर तुम्हारे हाथ में है और अपने आपको इस तुच्छ स्थिति से ऊपर उठाइए और मनुष्य बनकर भगवान की आशाओं पर खरा उतरिए। और मैं मंच से उतरने लगा क्योंकि किसान बीज बोकर देखभाल तो करता है पर वह हर पौधे के पास खड़ा नहीं रहता। परन्तु मैं देखभाल भी नहीं कर सकता क्योंकि ये पौधे नहीं हैं। इन्सान हैं इन्सान। तो मैं केवल इन्हें जगा सकता हूँ।

और मैं अपनी Team के साथ उन बच्चों व अपंग असहायों को लेकर बड़े घर की ओर बढ़ गया।

तीसरा कदम

मैंने अपनी Team के साथ एक विशाल ऑडोटोरियम में प्रवेश किया।

भवन की भव्यता व विशालता को देख मैंने उस मस्तिष्क को प्रणाम किया जिसने इसे रचा पर मैं यहाँ महलों की सुन्दरता देखने नहीं आया था सो मैंने उपस्थिति समूह पर नजर दौड़ाई। मैंने देखा कि यहाँ प्रायः हर वर्ग के धनकुबेर इकट्ठे थे।

मैंने अनुभव से तैयार इन्सानियत रूपी चश्मे से देखा तो मैं एक बार फिर इन्सान देखने में नाकाम रहा। कौन कहता है कि 'जनसंख्या' बढ़ रही यह निश्चय रूप सू झूठ है। मैं गुनगुनाया।

मैं और मेरी टीम तय स्थान पर बैठ गए थे। यह कोई अवार्ड फंक्शन था जो मैं तुम्हें दे दूँगा, तू मुझे दे देना की नीति पर चल रहा था।

आखिर काफी इन्तजार के बाद मेरा नाम भी पुकारा गया। मैं मस्तिष्क में रखी स्क्रिप्ट खोल कर मंच की ओर बैठा।

मैं इस समारोह में समय की अहमियत को समझाता था। इसलिए मैंने अपनी स्क्रिप्ट सैकिण्ड को ध्यान में रखकर तैयार की थी।

आयोजकों को बोलने का मौका देने और यहाँ बुलाने के लिए धन्यवाद दिया और इस धन्यवाद को मैंने 5 सैकिण्ड में निपटा डाला क्योंकि इसको लम्बा खींचने का कोई फायदा नहीं होने वाला था।

सबसे पहले तो मैं कर्मशील, बुद्धिमान, धनाढ्य समूह को प्रणाम करता हूँ।

कहते हुए मैंने समूह की साँसों में परिवर्तन किया और समूह ने अहंकार का लम्बा-सा साँस खींचा। आज मैं आपको मेरे कल रात के सपने के बारे में बताऊँगा। मुझे पता है आपके पास किसी के सपने सुनने का समय तो नहीं है परन्तु ये सपना शायद आपको कुछ देकर जाएगा और आप लेने के लिए तो प्रसिद्ध हैं ही।

तो हे समूह सपने में मैंने देखा कि स्वयं भगवान और उनके सामने विशाल जानवरों का झुण्ड तुच्छ से जानवर आप पर संसार के सबसे मूर्ख, सबसे स्वार्थी, इन्सानी शक्ति यानि मस्तिष्क का दुरुपयोग करने जैसे अनेक आरोप लगा अनेक मामलों में अपने से भी तुच्छ साबित कर रहे थे।

तो मेरा बहस में शामिल होना लाजिमी था।

हे धनाढ्य वर्ग! भगवान के समक्ष बहस में मैंने कहा कि हे ईश्वर आपने इस मेहनतरूपी विशाल सागर को धनरूपी खजाने से भर रखा है और ये खजाना इतना विशाल मात्रा में है कि जब तक सृष्टि चलेगी समाप्त नहीं होने वाला।

वहाँ तक पहुँचने के लिए सब साधन प्राणी को स्वयं बनाने पड़ते हैं और ये सफर अकेले तय करना पड़ता है।

सबसे पहले तो ये विशाल सागर में उतने का सपना लेने का साहस दिखाना पड़ता है। फिर इस विशाल सागर में बैठने का तरीका विकसित करना पड़ता है। फिर इसके लिए साधन यानी एक पतवार का निर्माण करना पड़ता है।

इस विशाल समुद्र में उतरने की हिम्मत दिखानी पड़ती है और उसके बाद कड़ी मेहनत व बुद्धिमानी से प्राणी को आगे बढ़ना होता है।

यह सागर कोई शान्त तालाब की तरह नहीं है। यह विशाल सागर तूफानों से भरा पड़ा है।

आप लोग कड़ी मेहनत, साहस, आत्मविश्वास, धैर्य के साथ आगे बढ़ते जाते हैं।

पतवार उलटती है, पलटती है और हिम्मत नहीं हार बढ़ना जारी रखते हैं तब जाकर उस खजाने तक पहुँचते हैं। कौन वहाँ से कितना लेकर आता है, यह स्वयं उस पर निर्भर करता है।

आप लोग कितनी दूर जा पाते हैं।

जितनी कड़ी मेहनत यानी जितनी दूर जाएँगे उतने ही कीमती खजाने के हकदार होते चले जाते हैं। तो क्या ये सब इन्सानी बुद्धिजीवी वर्ग के कर्म नहीं।

इस बीच जानवर प्रतिनिधि ने कहा कि धन तक पहुँचने तक वह इन्सान थे।

हे भगवान संसार में अच्छी चीज को खोजें और उसका सब प्राणियों के कल्याण हेतु संसार में वितरण करें। बार-बार यही प्रक्रिया से ही आपने इन्सानों का जीवन चक्र बनाया है।

हे ईश्वर आपके विचारों से त्याग ही इन्सान कहलाता है इकट्ठा करना नहीं। धन-खजाना मिलते ही उनके हृदय में स्वार्थ जाग गया और इन्सानों ने आपके बनाए नियम को उठा कर फैंक दिया।

यानी इनके सभी गुण धनरूपी खजाना आते ही नष्ट हो गए बल्कि अधिकतर गुणों में तो ये हमसे भी नीचे चले गए।

हे ब्रह्माण्ड रक्षक–आपके मानवता के नजरिए से वही इन्सान कहलाने के योग्य है जिसमें ये निम्न गुण हैं–

1. जिसकी सोच विश्व एक परिवार यानि लम्बी सोच।

2. जो दयावान हो।

3. जो निःस्वार्थ हो।

4. जो साहसी हो।

5. जो संसार की शान्ति व अच्छाई में योगदान देने वाला हो।

6. जो संसार को प्रेरित करने वाला हो।

7. जो धैर्यवान हो।

8. जो स्वाभिमान हो।

लेकिन इन धनकुबेरों के बारे में विचार करें–

नं. 1 विश्व एक परिवार पर तो इस धनाढ्य वर्ग से पूछे कि मानो एक परिवार में 10 सदस्य, एक के पास अन्न के विशाल भण्डार भरे हैं और 9 भूखे मरें। इन 9 में इनके बच्चे, माता-पिता व कुछ शारीरिक रूप से लाचार भी होंगे सारे कामचोर नहीं।

तो क्या उस एक को कोई इन्सान कह सकता है। ये कार्य तो कोई हम जैसे पशु व राक्षसों के भी नहीं हैं। अगर इनकी सोच विश्व एक परिवार हो तो संसार में कितने भूखे नंगे हैं यानी ये सूक्ष्म, तुच्छ व स्वार्थी सोच लिए बैठे हैं यानी कारण नं. 1 में ये विफल साबित हुए।

नं. 2 दयावान–ऊपर के कारण को देखते हुए दया पर बात करना शायद बेइमानी होगी। दया का इनके साथ कोई काम नहीं।

नं. 3 निस्वार्थ–इनकी अपनी जिन्दगी ऐशोआराम से गुजरे बाकी संसार चाहे किसी हालात से गुजरे इन्हें कोई वास्ता नहीं। निस्वार्थ-रूपी सिद्धान्त को इन्होंने सबसे पहले नष्ट किया था।

नं. 4 साहस–साहस का इनमें नामोनिशान तक नहीं है। देखिए कैसे इस धन को जकड़े बैठे हैं कि अगर ये चला गया तो फिर प्राप्त नहीं किया जा सकेगा और ये भूखे मर जाएँगे। हे भगवान, ये लोग भूल चुके हैं कि ये इन्सान हैं। धन ने इन लोगों को बिल्कुल अंधा, याददाश्तहीन कर दिया है।

नं. 5 संसार की शान्ति व अच्छाई से इन्हें कुछ लेना नहीं। ये लोग सोचते हैं कि ये तो मजबूत दीवारों के घरों में बैठे हैं।

हे ईश्वर इन्हें ये नहीं पता मानो छोटे-छोटे तूफानों से इनका कुछ नहीं बिगड़ेगा। लेकिन जब बड़ी सूनामी आएगी उस दिन इनका कहीं पता नहीं होगा।

नं. 6 प्रेरणा तो इनके शरीर से बाहर ही नहीं निकलती। ये सब अपने आप को प्रेरित करते हैं कि और धन आए, चाहे कहीं से कैसे भी आए, किसी कीमत पर आए।

नं. 7 धैर्य इनसे कोसों दूर है। पैसे के दरबार में ये लोग धैर्य को झाँकने भी नहीं देते।

नं. 8 स्वाभिमान–हे ईश्वर धन के लिए ये लोग किसी भी हद तक जाने को तैयार हो जाते हैं और जाते हैं।

हे भगवान हम मानते हैं कि इन लोगों ने यह धन किसी का छीना नहीं परन्तु जब आधे संसार के असहाय जीव भूखे मर रहे हैं तो क्या ये लोग दोषी नहीं हैं।

हे ईश्वर ऊपर अधिकतर गुणों में ये इन्सान योनि में होते हुए भी हमसे नीचे यानी तुच्छ साबित होते हैं तो इस महान धरोहर का इनके पास रखने का कोई औचित्य नहीं होगा।

और मैं उनके आगे निरुत्तर हो गया कहकर मैं कुछ रूका और हॉल में बैठी भीड़ पर नजर दौड़ाई। भीड़ में सन्नाटा, गुस्सा, आश्चर्य आदि की ये मिश्रित प्रतिक्रिया स्पष्ट रूप से महसूस कर रहा था। लेकिन इन सबसे मुझे कोई फर्क नहीं पड़ने वाला था। Show आयोजन वाले मेरे पास आए कि आखिर ये सब हो क्या रहा है। उन्होंने कहा कि आपने तो Motivation के लिए समय माँगा था।

मैंने उन्हें बता दिया कि मैं अपने तय वादे पर हूँ और मुझे अपना काम करने दिया जाए। वैसे भी उनकी ना से मुझे कुछ खास फर्क पड़ने वाला नहीं था। लेकिन मैं उनका भरोसा नहीं तोड़ना चाहता था सो मैंने उन्हें सन्तुष्ट किया कि मेरी ओर से अन्त में आपको कोई निराशा नहीं होगी और वे मुझसे दूर चले गए और मैंने अपना चेहरा फिर समूह की ओर घुमा लिया।

हाँ तो हम पशुओं पर थे।

हे भीड़! इतने में एक गधे ने भी सिर उठाया और कहा कि हे भगवान अब दुनिया को मुझ पर से भी मूर्खता का लेबल हटा लेना चाहिए क्योंकि संसार का सबसे मूर्ख वर्ग तो ये पैसे वाले हैं जो अमरता यानी सोमरस इकट्ठा कर उसे नष्ट कर रहे

हैं। भीड़ एकदम उठी और चिल्लाकर आगे बढ़ी में कुछ Sec रूका व मुस्काया और मैंने कहा कि जिस तुच्छ-सी चीज 'गुस्से' के सहारे तुम जिसे डराने व जलाने के लिए अपनी साँस रोके खड़े हो, उसे तुम में से अधिकतर जब अँगूठा चूस रहे थे तब तो मेरी माँ ने इस शरीर को वज्र बना दिया था। सो इससे कुछ नहीं होने वाला इसे तो वापिस गटकना पड़ेगा। हे भीड़ ये गुस्सा चीज ही ऐसी है। एक तो अन्दर से बाहर आती है तब जलाती है और आगे इसकी वज्र से मुलाकात हो जाए तो वापिस गटकने पर जलाती है।

इसलिए इस नरम और कोमल एयरकंडीशन देह को तुच्छ से गुस्से से क्यों जलाते हो। यह तुम्हारी इस कोमल देह को जला देगा।

तो हे भीड़! इसे पैदा ही न होने दो क्योंकि यह पहले तो स्वयं को जलाता है आप काफी समझदार है तो शान्त होकर शीतलता के साथ बैठ जाएँ और लाचारी व बेबसी में लिपट गई भीड़ धीरे-धीरे अपने स्थान पर बैठ गई।

तो हे भीड़! गधे के तर्क से मैं धक्क रह गया और मेरा सपना टूट गया।

वाकई दिलचस्प सपना था। हे भीड़ विचार करने में कोई बुराई नहीं है इसलिए आइए एक बार विचार करके देखे।

हे भीड़—आपके धन भण्डार को रखकर अगर देखा जाए तो इन्सान अपनी जरूरतों के अनुसार भोजन, कपड़े व मकान को लगाए तो शायद यहाँ बैठे अधिकतर की यह जरूरतें 1 प्रतिशत में ही कवर हो जाएँगी।

मैं यहाँ अंतरिक्ष पर घर व सोना-चाँदी खाने वालों की बात नहीं कर रहा।

इसमें अगर आपके बच्चे यानी परिवार व आश्रितों को भी मिला दिया जाए तो 5 प्रतिशत से ज्यादा खर्च नहीं हो सकता 5 प्रतिशत में आप पूरी उम्र हाथ-पर-हाथ रख बगैर कुछ किए एक मानवतावादी तरीके से जी सकते हैं तो फिर 100 करोड़ वाला—95 करोड़ और 1000 करोड़ वाला 995 करोड़ का करेगा क्या?

आखिर करोगे क्या इस पैसे का?

हे भीड़! अगर मान लें आपने अपने बच्चों यानि भावी पीढ़ियों के लिए इकट्ठा कर रहे हैं तो तनिक सोचिए दुनिया में पहले इन्सान आया था या पैसा।

हे समूह! पहले आप लोग इस पृथ्वी पर आए थे। आपने पैसे को बनाया है यानी इन्सान पैसा बनाता है पैसे से इन्सान नहीं बनाए जा सकते।

अगर तुम अपने बच्चों को इन्सान बनाने में कामयाब हुए तो इस बगैर मेहनत के धन की उन्हें कोई जरूरत नहीं होगी यानी इन्सान रूपी जीव के लिए संसार में कोई चीज असम्भव नहीं होतीं। आपकी तरह वह भी इसे पैदा कर लेगा।

और अगर पैसे के अहं में जानवर बना बैठे तो जानवर आपके धन को कैसे सुरक्षित या उपयोग कर सकेगा।

वह आपके इस कड़ी मेहनत के कीमती खजाने को रौंद डालेगा।

उन्हें ये धन भण्डार तो क्या पूरा ब्रह्माण्ड भी दे दें तो भी वे जानवर उसे नष्ट कर डालेगा तो इन्सान को इसकी जरूरत नहीं पशु के लिए यह व्यर्थ है। तो फिर इस धन का करोगे क्या?

भीड़ से सन्नाटे के सिवा मेरे पास प्रत्युत्तर कुछ नहीं आ रहा था।

बोलो हे मेहनती वर्ग! करोगे क्या इस धन का—मैंने फिर दोहराया कि कहीं से इस धन के उपयोग की शानदार योजना निकल आए। मैं कुछ सैकिण्ड के लिए रुका भी पर ऐसा नहीं हुआ।

हे भीड़! मैं मानता हूँ आपने यह धन किसी से छीना नहीं बल्कि मेहनत से हासिल किया है। पर आप में से हरएक इन्सान हजार, दस हजार, लाखों लोगों का जीवन संवार सकता है।

अगर आप ऐसा नहीं कर रहे तो ऐसा नहीं कि आप दोषी नहीं हैं। आप जितने लोगों का जीवन संवार सकते हैं उतने का ही बर्बाद करने का दोष लगेगा।

हे भीड़! एक भूखे असहाय की दुआ का वजन हजारों तीर्थों के समान और हजारों लाखों की दुआएँ यानी आप स्वयं तीर्थ हो जाएँगे।

हे बुद्धिजीवियो आखिर आप साबित क्या करना चाहते हो?

क्या इस धन का संग्रह भगवान को रिश्वत देने के लिए कर रहे हैं कि ईश्वर को रिश्वत देकर फिर से इन महलों में आनन्द भोगने आ जाओगे। हे भीड़ आज तक

कोई वहाँ तक 'एक रुपया का सिक्का' तक नहीं ले जा सका है। फिर तुम इतना बड़ा खजाना कैसे लेकर जाओगे।

हाँ इस धन को भगवान तक पहुँचाने का एक तरीका है केवल एक। इन्हें दीन-दुखियों तक पहुँचा दें।

हे भीड़! तुम्हारे व ईश्वर के बीच सिर्फ एक ही चीज है ये पैसा? जितना इकट्ठा करोगे उतने ही दूर होते चले जाओगे।

इसको हटा दोगे ईश्वर तुम्हारे सामने होगा और तुम ईश्वर में जा मिलोगे यानि तुममें व भगवान में कोई फर्क नहीं रह जाएगा।

हे भीड़! जिस तरह हवाई जहाज के Black Box में सारी गतिविधियाँ कैद होती हैं उसी तरह हमारी आत्मारूपी Black Box में भी और इस शरीर को नष्ट होते ही यह 'आत्मा' सीधे ईश्वर के चरणों में जाकर आपना सारा बायोडाटा खोलकर रख देगी।

हे भीड़ ये धन आपका...एक क्षण के लिए भी न तो जीवन बढ़ा सकता है न ही यमराज के लिए तलवार बन सकता है।

हे मेहनती समूह–इन्सान इस जीवन रूपी यात्रा में आखिरी समय उस जगह पहुँच जाता है जहाँ सिर्फ दो ही द्वार होते हैं और बीच में भगवान खड़े होते हैं। एक तरफ स्वर्ग और दूसरी तरफ हिंसक जानवरों व गन्दगी से बिलबिलाता कुण्ड और बीच में खड़े भगवान अच्छाई रूपी फीस लेकर किसी को इधर तो किसी को उधर फैंकते हैं।

हे मेहनती वर्ग! कड़ी मेहनत से आपने उचित फीस इकट्ठी कर रखी है। इसे दीन-दुखियों में वितरित कर स्वर्ग चुनें।

हे धन कुबेरों इस खजाने की दो ही गति होनी हैं। एक तरफ तुम्हें ईश्वर व अमर बना देगा दूसरी तरफ आप भी नष्ट और ये खजाना भी नष्ट।

अब फैसला तुम्हें करना है।

अगर आप ऐसा नहीं कर सके तो गधे को कोई संसार का सबसे मूर्ख प्राणी नहीं कहेगा।

चौथा कदम

दुःखी हमें खोजने लगे थे। मैं अपनी Team के साथ हमारे बड़े घर में देख रहा था कि हमारा परिवार बढ़ता जा रहा था। मैंने कहा कि हमें दुःखी खोजने होंगे न कि दुःखी हमें खोजें इसलिए हमें अपनी Team को बढ़ाना होगा ताकि हम ज्यादा दुखियों तक पहुँच सकें इतने में शिवा का मोबाइल चिल्लाया।

शिवा के मोबाइल की चिल्लाहट अक्सर मेरे लिए खुशी और ग म दोनों लेकर आती थी।

शिवा ने सिर्फ तीन शब्द Use किए 'कौन, क्यों, पता बता' कहते हुए शिवा ने फोन काट दिया।

मानव भैया हमें इस पते पर तुरन्त चलना चाहिए—शिवा ने कहा।

पर बात क्या है? आरिफ ने मेरे बोलने से पहले ही पूछ लिया।

हमें एक Social worker ने बताया है कि एक गरीब परिवार आत्मदाह की तैयारी में है।

उनके यहाँ बलात्कार हुआ है।

परन्तु—विवान ने कहा।

किन्तु-परन्तु कुछ नहीं शिवा ने विवान को रोकते हुए कहा।

मानव भैया, हमारा यहाँ कुछ बोलना व सोचना या चर्चा करना एक अन्याय करने जैसा ही होगा—शिवा ने कहा।

मैंने आरिफ की ओर देखा और आरिफ ने तुरन्त जम्बो घुमा दी। कुछ ही समय में हम पीड़ित के घर के आगे थे।

हम बिजली की गति से उतरे। शिवा Social worker से चलते-चलते कुछ गुनगुनाया और हम पीड़ित के घर के अन्दर चले गए।

परिवार की नजरें हमारे ऊपर पड़ीं और वो एकदम सहमें पर फिर शायद पहचान गए थे।

पीड़िता की चारपाई के साथ आँगन पर बैठे बुजुर्ग सहित सभी के मुख पर उसे मैं मुस्कराहट तो नहीं कह सकता शायद वो गिड़गिड़ाहट थी।

फटे व रंग उड़े चेहरे को फैलाकर बुजुर्ग हाथ जोड़े खड़ा हो गया। शायद उसे खड़े होने में भी तकलीफ हो रही थी।

मैंने अन्दाजा लगा लिया कि ये शायद दुःख के साथ भूख से भी पीड़ित हैं। आखिर एक पिता के गले के नीचे निवाला कैसे उतर सकता है।

उसके गले से एक ही शब्द बड़ी मुश्किल से निकल पाया 'साहब' और बाद में बोलने का स्थान रोने ने ले लिया।

मैंने उसे गले से लगा लिया, थोड़ी हिम्मत दी और बच्ची की तरफ बैठा।

बच्ची ने उठने की चेष्टा की लेकिन मैंने बीच में ही रोक दिया पर आखिर उनके पास एक ही चीज बची थी रोना। मैंने बच्ची के सिर को सहलाया और आँसू पौंछे।

मैंने एक-दो पल सभी को निहारा और शिवा को खाने के प्रबन्ध के लिए बोला।

उन सभी ने एक स्वर में मना किया पर मैंने अपने हाथ जोड़ लिए। कृपया मेरे लिए और उन्होंने मेरी प्रार्थना स्वीकार कर ली।

शिवा व Social worker तुरन्त खाने के लिए चले गए।

दरिन्दगी का तो पता चल चुका था पर अपराधी के लिए मैंने बुजुर्ग से जानना चाहा तो बुजुर्ग ने कहा साहब मैं रिक्शा चलाता हूँ। मेरी बेटी 12वीं कक्षा में पढ़ती थी।

'थी' नहीं 'है' मैंने बुजुर्ग को बीच में ही रोकते हुए कहा।

बुजुर्ग ने फिर बोलना शुरू किया।

वह उस दिन मुझे स्कूल जाते वक्त खाना देने चौक पर गई थी।

बस उसी दिन उस दरिन्दे की नजर पड़ी थी और उसने उसी दिन स्कूल के बाहर से उठा लिया और आगे उसकी जुबान ने साथ छोड़ दिया।

मैंने फिर उसके कंधे पर हाथ रखा और उसके सामान्य होने का इन्तजार किया

और कुछ सैकिण्ड के बाद फिर पूछने का सिलसिला शुरू हुआ।

कौन था वह—मैंने कहा?

साहब शहर के ए.सी.पी. का बेटा।

कब की घटना है?

15 दिन हो गए साहब—चारपाई के दूसरे छोर पर बैठी औरत ने कहा। शायद वो पीड़िता की माँ थी।

आखिर ऐसा वृतान्त पूरा समूह ही मिलकर पूरा कर पाता है।

ए.सी.पी. के बेटे से हमें पुलिस की भूमिका तो समझ आ गई थी पर पूछना भी जरूरी था।

बुजुर्ग ने बताया कि हम थक-हार कर बैठ गए साहब। थाने वाले हमें साहब से मिलकर मामला निपटाने को कह कर भगा देते हैं।

तो आप एस.सी.पी. से मिले—मैंने पूछा।

हाँ साहब ए.सी.पी. ने कहा कि देखो एक सड़क पर कितनी गाड़ी चलती हैं कोई सड़क का टैक्स देता है। कोई नहीं देता कोई बड़ी बात नहीं फिर अगर हमारे बेटे ने बगैर टैक्स दिए ड्राइविंग का मजा ले लिया तो क्या हुआ।

चलो फिर भी हम उस पर जुर्माना लगाते हैं और उसने रुपए का बण्डल मेरी ओर बढ़ा दिया—कहते हुए बुजुर्ग ने फिर रोते हुए गर्दन झुका ली।

मैंने बुजुर्ग का हाथ अपने हाथों में दबाकर उसके साथ व हिम्मत देने का संकेत दिया और 10 सैकिण्ड इन्तजार के बाद फिर पूछा कि क्या आपने पैसे...।

नहीं साहब—उसने मुझे बीच में ही रोक दिया। मेरे मना करने पर कि मेरी बेटी सड़क नहीं एक इन्सान है।

तब क्या हुआ—मैंने फिर पूछा।

उसने मेरी गर्दन दबाते हुए कहा रोज कितनी चींटिया मरती हैं और पैरों तले कुचली जाती होंगी कोई गिनती है क्या?

किसी थाने में या न्यायालय में देखा है। जहाँ चींटी मरने की रिपोर्ट या केस चल रहा हो।

इससे आगे मुँह खोलना सिर्फ मौत को हल्ला देकर बुलाना होगा समझे। एक तरफ पैसा दूसरी तरफ मौत।

फैसला तुम्हें करना है–कहते हुए ए.सी.पी. ने अपना फैसला सुना दिया। मेरे जहन में कई प्रश्न घूमने लगे–

1. एक तो इस तरह के केसों को हमारी न्यायप्रणाली इस मोड़ तक पहुँचने ही क्यों देती है?

जहाँ दोषी को पूरा मोल-भाव करने का पूरा वक्त व दौड़ने का खुला मैदान मिल जाए। यहाँ पहुँचकर अक्सर इस तरह के केसों में ऐसी ही सौदेबाजी होती है।

कानून-रूपी इस टैंक को और विशाल, चुस्त, दुरुस्त क्यों नहीं करते, नहीं तो इस प्रकार के मोटे छिद्रों से ये टैंक खाली हो जाएँगे और लोग इस बेउद्देश्य चीज को उठाकर फैंक देंगे।

2. इतने बड़े जिम्मदारी भरे पदों के लिए सरकार अपने नियुक्ति के मापदण्डों में परिवर्तन क्यों नहीं करती। ये मापदण्ड हर हाल में बदलने चाहिए।

चन्द किताबों को पढ़कर याद रखने पर इतने लोगों की सुरक्षा का जिम्मा उन्हें कैसे थमा दिया जाता है। जिम्मेदारी के हिसाब से जिम्मेदार का बँटवारा होना, इन्सान को परखने उसे अन्दर से जानने का कोई और तरीका विकसित होना चाहिए। सैलेक्टरों की बुद्धि इतनी पैनी होनी चाहिए कि वह उम्मीदवार की रूह में घुसकर उसका हाल बता दे।

मैं कल्पनाओं में ऐसा खोया हुआ था कि इस बीच शिवा Social worker के साथ खाना लेकर आ गया और मैं कोसों दूर से वापिस आया क्योंकि इस वक्त कोसों दूर तो क्या जहन में दूसरी कोई चीज डालना ही विनाश करने जैसा था। हमारे आस-पास काफी लोग एकत्रित हो गए थे। उन सभी के दोनों हाथ मिले हुए थे। मैंने उनकी ओर देखा और कहा कि ये हाथ एक-दूसरे को पकड़कर रखने के लिए नहीं हैं। इन्हें आजाद कर दें और हम परिवार को खाना खिलाने लगें।

मैं ईश्वर को थैंक्स बोल रहा था कि इन दुखियों की सेवा का अवसर मुझे दिया, पर अगले ही क्षण मैंने ईश्वर से विनती कि हे भगवान ऐसा अवसर किसी को ना दे क्योंकि जब अन्याय होगा तभी तो ऐसा अवसर निकलकर आएगा। तो हे ईश्वर आखिर ऐसी दुष्टता होती ही क्यों है।

बच्ची खाने का अधिकतर हिस्सा चारपाई से नीचे रखने के लिए झुकी और मैं ईश्वर के कल्पना लोक से एक बार फिर बाहर आया।

एकत्रित भीड़ ने मुझे बच्ची के IAS के सपने व कक्षा 10 में शहर में Top करने के बारे में बताया।

हमारी साहसी बेटी का क्या नाम है, मैंने बच्ची के सिर पर हाथ फेरते हुए कहा।

सपना–पीड़ित बच्ची ने कहा।

क्या ये लोग ठीक कह रहे हैं। क्या हमारी बेटी IAS बनेगी।

नहीं भैया अब जिया नहीं जाता और जीकर करूँगी भी क्या। बच्ची की पलकों पर रखे आँसू बाहर लुढ़क गए।

मैं फिर कल्पनाओं में खो गया कि आखिर इस महान जीवन की परिभाषा इतने से क्यों सिकोड़ दी जाती है।

मैंने उस घर को चारों ओर से निहारा कि इस घर से जो प्राणी IAS का सपना देखने का साहस करता है और उसे पूरा करने के लिए निकल भी पड़ता है और कुछ दूर जाकर रास्ते में खड़े कुत्ते के पंजे की झपट से रास्ता बदल ही नहीं बल्कि अपने को तहस-नहस करने की सोच ले।

आखिर पहले वाला साहस था या कोई शेखचिल्ली का ख्वाब। मैं सोचने लगा फिर अगले ही क्षण मुझे लगा नहीं वह शुद्ध रूप से साहस था और ये शुद्ध रूप से विनाश। यानी बच्ची का साहस भी पूर्ण था और सोच भी ऊँची थी। तो फिर कमी है 'इन्सान' रूपी विशालता व महानता की ताकत व उद्देश्य का पता न होना। इस संसार में आने का उद्देश्य का पता न होना।

बच्ची ने इन्सान रूपी इस जन्म को एक छोटी-सी साधारण-सी घटना मान लिया है जो कि छोटे-छोटे अन्तराल के बाद होती रहती है।

तो मुझे बच्ची के साथ उद्देश्य के बारे में चर्चा करनी चाहिए।

अभी बच्ची का 10 प्रतिशत ही सफर तय हुआ था और कदम रुक गए और मुझे इसके रुके कदमों को मंजिल की तरफ बढ़ाना होगा। अगर बच्ची का सफर यहाँ रुका या विपरीत दिशा में घूमा या नष्ट हुआ तो इसका जिम्मेदार कुछ हद तक मैं भी रहूँगा।

मुझे आत्महत्या रूपी महापाप व अपने लिए जीने के स्वार्थ की ओर बढ़ती बच्ची को रोकना होगा।

मैंने बच्ची के सूखे हाथों को पकड़ा और कहा–देखो बेटा लड़ाई एक IAS और पागल कुत्ते के बीच है और ये तो अटल है कि जीत एक की ही होगी।

क्या तुम एक पागल, दुष्ट, तुच्छ से प्राणी से हारकर भगवान के पास जाकर कहोगी कि मैं एक पागल कुत्ते मात्र से हार कर आई हूँ। हे बेटा क्या कभी एवरेस्ट पर चढ़ने वाला पर्वतारोही कुत्ते से डरकर वापिस भाग कर आता है।

बेटा! तुम्हारी मौत और एक चींटी समान प्राणी का राक्षस में तब्दील होना दोनों आपस में जुड़े हैं।

तुम्हारे तनिक फैसले से वह चींटी से राक्षस में बदल जाएगी और दुनिया से बहुत-सी प्रतिभाएँ छीन लेगी। तुम्हारी मृत्यु उन प्रतिभाओं को उस राक्षस की गोद में बैठा जाएगी।

हे बेटा! अब क्यों नहीं जीना चाहती?

देखो बेटा! ये संसार कोई मनोरंजनशाला नहीं है कि आए और जिन्दगी अपने लिए जी कर चले गए।

'सपना' हमारा जन्म इस संसार के दुष्टों के खात्मे व दुनिया को बेहतर व शानदार बनाने के लिए होता है।

जीवन की गहराई में पहुँच बेटा। देख भगवान बुद्ध राजा के घर महलों में पैदा हुए थे। वे चाहते तो पूरी उम्र ऐशो-आराम से जी कर चले जाते।

पर उन्हें मनुष्य जन्म के उद्देश्यों का ज्ञान हो गया था और लोक-कल्याण के लिए सारे ऐशो-आराम त्याग कर जंगलों में भटकते जीवन भर कठिनाइयों में जीते हुए लोक-कल्याण करते रहे।

मेरी तरफ देख साहसी सपना–दुनिया के महान वैज्ञानिक हॉकिंग जो व्हील चेयर में फँसा रहता है। जो बैठ नहीं सकता चलना तो दूर की बात है।

जो कुछ अच्छा खा-पी नहीं सकता, दुनिया के लगभग सारे ऐशो-आराम उसके कोई काम के नहीं फिर भी वह लोक-कल्याण के लिए जुटा है। संसार को कुछ और नया देकर खुशहाल बनाने की कोशिश कर रहा है।

क्या भगवान बुद्ध व वैज्ञानिक हॉकिंग मूर्ख हैं?

हे बेटा जीवन का उद्देश्य पहचान।

तुम इन्सान हो कोई छुई-मुई का पौधा नहीं जो छूते ही मुरझा जाए।

इन्सान शब्द की विशालता पहचान।

संसार की सब योनियों से श्रेष्ठ पता नहीं कितने करोड़ों जन्मों बाद हमें ये जीवन मिला होगा। आगे कब हम इस योनि में जन्म लेकर इस धरती माँ पर आएँगे कुछ नहीं पता।

तुम वो 'इन्सान' हो जिसके लिए इस ब्रह्माण्ड में कोई चीज असम्भव नहीं। क्या तुम इन्सान जैसी योनि में जन्म लेकर संसार को एक राक्षस देकर जाना चाहती हो।

सिर्फ अपने लिए जीने के महास्वार्थ व महापाप से बचो साहसी सपना।

दुःखी संसार के लिए जी बेटा यही भगवान का इन्सान को आदेश व हमारा धर्म है।

इसलिए अपने इन्सानी धर्म का पालन करो बेटा।

और बच्ची बिना सहारे के बैठ गई।

उसके चेहरे पर आई दृढ़ता ने मुझे कुछ शान्ति दी।

मैं जीऊँगी, भैया जीऊँगी, दुःखी संसार के लिए। बच्ची ने लम्बे साँस के साथ कहा।

मैंने बच्ची का माथा चूमते हुए अपने सीने से लगा लिया और हमने निर्णय किया कि इस परिवार को अकेला न छोड़ा जाए सो हम उन्हें लेकर बड़े घर की ओर रवाना हो गए।

* * *

अगले ही दिन मैंने टीम के साथ विचार किया और हमारा मंथन ए.सी.पी. पर जाकर रुका और आरिफ ने ए.सी.पी. के बसेरे की ओर जम्बो दौड़ा दी।

कुछ ही देर में हम ए.सी.पी. के महल के सामने थे। गेट का गार्ड मुस्तैद खड़ा था। आरिफ ने गाड़ी गेट पर लगा दी और शिवा गार्ड की तरफ बढ़ा।

हमें ए.सी.पी. से मिलना है। गेट के गार्ड से शिवा ने कहा।

कौन हैं आप? कहाँ से आए हैं? और साहब इस वक्त सो रहे हैं। आप दोपहर 12 बजे के आस-पास मिलने के बारे में बात कर सकते हैं।

मैं सोचने लगा कि वो बेकसूर परिवार जो पिछले 15 दिन से नहीं सोया है तो ये कसूरवार कैसे सो सकता है।

शिवा ने फिर Request की और इस बार गार्ड ने बोलना भी उचित नहीं समझा।

आज ही पता नहीं क्यों शिवा ने ऐसा किया नहीं तो शिवा और Request का शायद पिछले जन्म का ही कोई झगड़ा है।

पर हमें ये पक्का विश्वास था कि शिवा Request की हैट्रिक नहीं बनाने वाला इसलिए विवान व आरिफ भी गाड़ी से उतरकर शिवा के अगले कदम के लिए अलर्ट हो गए।

शिवा ने रिवाल्वर निकाला और गार्ड के सिर से सटा दिया और विवान ने गार्ड की पुरानी पड़ चुकी भारी राइफल झटके से छीन ली।

हम गार्ड के साथ महल के अन्दर प्रवेश कर गए।

आप लोग कौन हैं और अभी साहब सो रहे हैं—पीछे से एक और प्राणी की आवाज आई।

सो रहे हैं पर क्यों और किस कमरे में—आरिफ बोला?

लेकिन—उस प्राणी के मुँह से आवाज निकली और विवान ने बीच में ही रोकते हुए कहा—लेकिन का मतलब तो ये जवान भी नहीं पूछता; सिर पर लगे रिवाल्वर और गार्ड की तरफ संयुक्त इशारा करते हुए विवान ने कहा।

प्राणी ने अपना खुला मुँह बन्द कर लिया और कमरे की ओर इशारा किया।

हम कमरे के अन्दर घुस गए।

आखिर दानवराज गहन निद्रा में लीन थे।

शिवा, आरिफ तेजी से दानव की ओर कच्चा चबा जाने के लिए लपके।

पर मैंने तनिक रुकने का अनुरोध किया।

मैं उस भारी राक्षस शरीर को कुछ क्षण सोते हुए देखने लगा कि ये विशाल दरिन्दा देश व दुनिया का हर प्रकार से नुकसान कर रहा है। एक तो ये 4-5 लोगों का भोजन खाकर दुनिया को 4-5 भूखे दे रहा है और...

क्या हम इसे निहारने के लिए आए हैं—विवान ने धीरे से मेरे कान में कहा और मुझे बेवजह की कल्पनाओं से वापिस खींचा।

नहीं विवान—मैंने हँसते हुए कहा।

शिवा इसके मुँह पर पूरी ताकत के साथ एक थप्पड़ लगा ताकि ये राक्षसी नींद टूटे—मैंने कहा और शिवा ने अगले ही क्षण इतना भयंकर चाँटा जड़ा जिसे हम थप्पड़ या चाँटा तो कतई नहीं बोल सकते। ऐसा लगा जैसे फर्राटे पंखे की पंखुड़ी टूटकर दीवार पर लगी हो।

दानवराज ने ऐसी प्रतिक्रिया की जैसे कोई पानी में डूबते वक्त हवा में कुछ पकड़ने की कोशिश करता है।

को...को...को...

शायद वह कौन बनाना चाह रहा था।

मैंने उसके कम्पन करते जबड़े के निचले हिस्से पर जरा सा ऊपर की ओर मारा।

'कौन हो तुम' यही ना—मैंने कहा।

ACP ने आँखें मलते हुए उसने हमें ध्यान से देखा।

म...म...मानव—ए.सी.पी. ने लम्बी गर्दन करते हुए कहा।

तेरे बेटे का क्या लफड़ा है—मैंने उसके मोटे गद्दे पर बैठते हुए कहा। और छोटे नवाब कहाँ आराम फरमा रहे हैं इस वक्त।

ए.सी.पी. ने एक बार फिर आँखें मलने के लिए हाथ उठाए कि कहीं ये सब सपने में तो नहीं हो रहा।

पर पास खड़े विवान ने उसके हाथों को बीच में ही रोकते हुए कहा—आप सपने में नहीं हैं दानवराज।

आप जानते नहीं...आप लोग क्या कर रहे हैं—ए.सी.पी. ने गुर्राने का-सा नाटक करते हुए कहा।

आरिफ ने कहा कि जब हम कर रहे हैं तो इसमें जानना क्या रह गया। दानवराज हमारे पास टाइम वैसे ही बहुत कम होता है। अपने होनहार सपूत का बसेरा बता और अपनी जान छुड़ा, होश में आ दानवराज—शिवा ने उसके जबड़े का निचला हिस्सा पकड़कर घुमाते हुए कहा।

होश में शायद आप लोग नहीं हैं। ACP ने कहा।

वह फिर बकवास की ओर लौटने लगा पर शिवा ने रिवाल्वर की नली ए.सी. पी. के मुँह में डाल दी।

अब आगे जो शब्द निकले वह सिर्फ बसेरे से सम्बन्ध रखते हों ठीक केवल Address वैसे भी तुझे बताने की जरूरत नहीं कि इसके अन्दर, शिवा ने रिवाल्वर की ओर संकेत करते हुए कहा, छः सखियाँ वास करती हैं और मेरी अँगुली हिलते ही वे कहाँ-कहाँ भ्रमण करेंगी, बाहर भी आएँगी या अन्दर विश्राम करेंगी ये तेरी इस मोटी चमड़ी पर रहेगा। कहते हुए शिवा ने रिवाल्वर की नली को धीरे से बाहर की ओर निकला लिया।

अगले ही क्षण ए.सी.पी. की काँपती आवाज सपूत का पता लेकर आई।

विवान ने ए.सी.पी. के नौकर व गार्ड के मोबाइल वगैरह छीन कर बाहर फैंक दिए और दोनों को कमरे के अन्दर डाल दिया ताकि हमें ज्यादा वक्त मिल जाये व हमारे काम में कोई बाधा न आए।

हमने ए.सी.पी. को लेकर सपूत के बसेरे की ओर गाड़ी दौड़ा दी।

और थोड़ी ही देर में एक राजा के जैसे महल के आगे ए.सी.पी. ने गाड़ी रुकवा दी।

शिवा ने ए.सी.पी. की कमर से रिवाल्वर सटा लिया क्योंकि हम इस अपरिचित ठिकाने पर कोई लापरवाही नहीं बरतना चाहते थे।

वाह ए.सी.पी. काफी कड़ी मेहनत की है शायद जीवन में–मैंने महल में घुसते हुए कहा।

हम महल के मेन हॉल में पहुँचे और मेरी नजर छत पर लटके झूमर पर पड़ी। मुझे लगा कि इस भारी-भरकम झूमर के पैसे से कम-से-कम 10 गरीबों को सिर पर छत मिल सकती है। इसकी दीवारों पर छपी पेंटिंग्स व तस्वीरों से शायद हर एक से 1 भूखे को 1 साल तक भोजन का प्रबन्ध हो सकता था।

और इस विशाल पूरे महल व बाकी चीजों की कीमत आँकने का फिलहाल मेरे पास Time नहीं था।

आखिर मेन हॉल से निकलकर हम शानदार तरणताल में पहुँचे जहाँ छोटे नवाब रूपसियों और शराब के साथ स्वीमिंग की मस्ती में मस्त था।

साहेबजादे ने हाय डैड के साथ हमारे ऊपर नजर दौड़ाने की भी जरूरत नहीं समझी।

शायद उसे पता नहीं था यह उसके बाप के कुत्ते नहीं बल्कि उस मासूम के सिपाही थे।

मैंने देखा कि ए.सी.पी. के कुछ कुत्ते भी दुम हिलाते वहाँ घूम रहे थे। मैंने ए. सी.पी. को उन सभी को वहाँ से जाने के लिए बोला और ए.सी.पी. ने उन्हें जाने का संकेत दे दिया। उनके जाते ही हमने यह पूरा हिस्सा लॉक कर दिया।

छोटे नवाब तरणताल से बाहर निकल हमारी तरफ आए कि अब उसकी नजरों ने हमें कुछ अहमियत दी।

म म मानव उसके काँपते मुँह से निकला।

शिवा ने ए.सी.पी. से रिवाल्वर हटा लिया।

छोटे नवाब की रिवाल्वर को देखकर आँखें फट पड़ी और शराब ने उसका साथ छोड़ दिया।

क्या ए.सी.पी. बच्चा बीमार है और आपने बताया भी नहीं–मैंने छोटे नवाब को ऊपर से नीचे तक देखते हुए कहा।

बीमार–ए.सी.पी. की दबी सी आवाज आई।

हाँ और बीमारी भी इतनी बढ़ गई कि शायद अब तो Operation ही करना पड़ेगा। आगे डॉ. आरिफ जानें–मैंने अपना माथा उठाते हुए आरिफ की तरफ देखा।

नहीं नहीं Operation के सिवा अब कोई चारा नहीं बचा–डॉ. आरिफ छोटे नवाब के थुलथुल बदन में अपनी मजबूत मोटी अँगुली घुसाता हुआ बोला।

शायद उन दोनों को कुछ समझ नहीं आ रहा था। पर संशय ज्यादा देर तक नहीं रहने वाला था। मैंने शिवा की ओर देखा और शिवा ने छोटे नवाब को उठाकर सीधा दे मारा।

विवान ने एक लम्बी बैंच के डण्डे उखाड़ लिये जो अगले ही क्षण ए.सी.पी. और छोटे नवाब पर बरस पड़े।

पर इस दर्द और बच्ची के दर्द में सफेद व काले का अन्तर था। ये दर्द क्षणिक था सो मैं चाहता था कि इस दुष्ट को जीवन भर सताने वाला स्थायी कष्ट मिले।

इसलिए मैंने आरिफ को तत्काल Operation के लिए बोला। छोटे नवाब का आँखों सहित शरीर का हर हिस्सा फटने के लिए तैयार था।

विवान छोटे नवाब का सिर हिलाने लगा।

नहीं नहीं, अच्छे बच्चे, बहादुर बच्चे रोते नहीं थोड़ा-सा काँटा लगे बस इतना-सा ही और विवान उसे लॉरी सुनाने लगा कटोरी में दूधू राजा बेटा...

और भयंकर चीख के साथ अगले 10 मिनट में डॉ. आरिफ ने अपना काम कर दिया था। बेटा शारीरिक और बाप मानसिक दर्द से बेहोश पड़े थे। हमने भगवान को धन्यवाद दिया और आरिफ ने जम्बो दौड़ा दी।

* * *

दूसरे ही दिन सुबह-सुबह बड़े घर के सभी पंछी खेलने-कूदने की मस्ती में मस्त थे कि बिजली-सी तेजी के टायरों की खरररररर के साथ कई पुलिस की गाड़ियाँ बड़े घर में सीधी अन्दर आ घुसीं।

पुलिस वाले दाएँ-बाएँ दौड़ने लगे। सभी बच्चे जैसे थे उसी मुद्रा में सहम गए।

कहाँ है रे वो समाज का ठेकेदार बाहर निकालो सालों को! भगवान बना फिरता है साला।

साले ने फौज बना रखी है—ए.सी.पी. पागलों की तरह चिल्लाने लगा।

आखिर कुछ देर की भाग-दौड़ के बाद पुलिस वाले सृष्टि को लेकर आए।

Sir मानव यहाँ नहीं है, कहीं बाहर छुपा है—पुलिसवाले ने कहा। ACP आँखें फाड़कर सृष्टि की ओर देखने लगा। आइए सीताजी आइए।

सुना है सीता के लिए राम ने समुद्रों को भी लाँघ दिया था तो थोड़ा-बहुत साहस तो इस कलयुगी राम में भी होगा—ए.सी.पी. सृष्टि को ऊपर से नीचे तक देखता हुआ बोला।

सृष्टि बेखौफ व शान्त खड़ी तिरछी नजरों से ए.सी.पी. की बकवास सुन रही थी।

चलो सीता को डालो गाड़ी में साली—कहते हुए ए.सी.पी. ने रिवाल्वर की नोक से सृष्टि को गाड़ी की तरफ धकेला।

इस दौरान 10 ही मिनट का वक्त हुआ होगा और बड़े घर के सदस्यों ने ए.सी.पी. सहित पुलिस पार्टी को चारों ओर से घेर लिया।

अगर सिर्फ 1 घण्टे में वो तुम्हारा भगवान नहीं आया तो इस फौज को भरो, साले हरामजादों को ए.सी.पी. दहाड़ा।

मेरे बच्चों को गाली देने की गलती अगर नहीं करोगे तो शायद अच्छा रहेगा ए.सी.पी.—सृष्टि चिल्लाई।

मेरे बच्चे अबे साली तू औरत है कि...—ए.सी.पी. सृष्टि के बाल पकड़कर आधा ही बोल पाया था कि छोटे-छोटे बच्चों सहित सभी को करंट-सा लगा। वे एकदम ए.सी.पी. की ओर लपके।

ए.सी.पी. ने तुरंत पलटकर सृष्टि के सिर से रिवाल्वर सटा दिया। उड़ा दूँगा। तुम्हारी इस सीता मैया की खोपड़ी को अगर बढ़े तो। अपने इस जोश की वापिस घूँट भर लो मैं इससे डरने वाला नहीं हूँ।

पर बच्चों को क्या पता कि रिवाल्वर खिलौने से ज्यादा और क्या हो सकता है। और एक करीब-करीब 5 साल का बच्चा ए.सी.पी. की ओर दौड़ा। 'छोड़ो मेरी मम्मी को' और वह ए.सी.पी. की गैंडे जैसी टाँग को अपने छोटे से प्यारे से मुँह से काटने लगा पर भला छोटे से मासूम बच्चे के छोटे-छोटे दो-चार दाँत ए.सी.पी. की मोटी चमड़ी में कैसे घुस सकते थे। ए.सी.पी. सहित सभी पुलिस वालों के बच्चे को देख ठहाके गूँजने लगे और इस बीच ए.सी.पी. की मोटी टाँग ने बच्चे को भीड़ की तरफ फैंक दिया।

और इस कुकृत्य के लिए सृष्टि का तमाचा ए.सी.पी. के चेहरे पर काफी जोर से पड़ा।

गुस्साए ए.सी.पी. ने सृष्टि को बालों से पकड़कर घुमा दिया और बड़े घर के सदस्य पुलिस पार्टी पर टूट पड़े।

ए.सी.पी. ने हवा में फायर किया और चिल्लाया अगली गोली सीता पर चलेगी।

जाबाज माँओ भीड़ के पैरों को चीरते-चीरते ए.सी.पी. तक पहुँच गया और अपने मजबूत दाँतों से ए.सी.पी. को मोटी जींस में छुपी मोटी टाँग की मोटी चमड़ी का मोटा सा टुकड़ा ही निकाल लाया।

ए.सी.पी. की चीख निकल गई और सृष्टि ने रिवाल्वर छीनने में सैकिण्ड का दसवाँ हिस्सा ही लिया। बड़े घर के सभी सदस्यों ने ए.सी.पी. सहित पुलिस पार्टी को धुन डाला।

पाँचवा कदम

मैं, टीम व सृष्टि बड़े घर के Planning कक्ष में थे। जिसमें सृष्टि हमें बता रही थी कि उसने बड़े घर की महिलाओं के लिए सरकार से मिलकर स्वरोजगार के कामों की जानकारी लेकर कैसे आत्मनिर्भर बनाने की सोची है।

दैनिक जरूरत की चीजों के छोटे-छोटे कामों के बारे में सृष्टि ने हमें बताया। सृष्टि की शानदार योजना के लिए हम उसे बधाइयाँ दे रहे थे कि एक हाँफते हुआ अधेड़ पुरुष ने हमें एक और काम सौंप दिया।

उसने बताया कि 'मानव भैया' मेरी 12 साल की बच्ची पिछले एक सप्ताह से गायब है और पुलिस के पास मुझे उत्तर देने के लिए कुछ नहीं है।

उसने मेरी ओर एक पर्ची बढ़ाई जहाँ किसी ने उसे दो दिन पहले देखा था। हम उसे वैश्या बस्ती कह सकते थे।

क्या आपने इस जगह संपर्क नहीं किया—मैंने अधेड़ से पूछा।

किया था मानव भैया लेकिन इसकी मालकिन ने हमें धमकी व धक्के के साथ भगा दिया। मेरी बच्ची को बचा लो मानव भैया और वो लाचारी के आँसू बहाने लगा।

मैंने सृष्टि व टीम की तरफ देखा कि हमें अभी चलना चाहिए।

क्या आज मैं आपके साथ चल सकती हूँ।

हमने दो कदम बढ़ाए थे कि पीछे से सृष्टि की आवाज आई।

क्यों नहीं अगर तुम चलना चाहो तो जरूर मैंने कहा और हम तुरन्त इस पते पर रवाना हो गए।

और आरिफ ने फर्राटे से गाड़ी तय पते पर डाल दी।

हमने अपने चेहरे ढँक लिए और हम एक-एक कर एक संकरे से जीने से ऊपर चढ़ गए। मुझे यह आशा नहीं थी कि एक पतला सा जीना ऊपर एक विशाल शानदार हॉल में बदल जाएगा। म्युजिक सिस्टम, परफ्यूम से महकता हॉल। इस हॉल के और अन्दर एक हॉल था जिसमें छोटे-छोटे केबिन बने थे।

हम सभी केबिनों में आँखें डालने लगे।

बाबू पहले माल पसन्द करने का फिर इधर इन्ट्री करने का।

मैंने गर्दन घुमाई और देखा कि एक अधेड़-सी औरत जो सौंदर्य प्रसाधनों के सहारे उम्र को चुनौती देने का प्रयास कर रही थी।

मैं फिर इस संगीतमय विशाल हॉल की ओर पलटा और वहाँ सृष्टि मेरा इन्तजार कर रही थी।

मैं इस धंधे के बराबर की मजबूरियाँ जानना चाहती हूँ तो क्या मैं इन लड़कियों से सम्पर्क करूँ—सृष्टि ने पूछा और इस बीच एक सुन्दर-सी मॉडल मेरे चेहरे पर अँगुली घुमा गई।

सृष्टि ने अपना जबड़ा दबाया और एक कदम खा जाने वाली नजरों के साथ सुन्दरी की ओर बढ़ाया पर मेरी हँसी ने उसके अगले कदम को रोक लिया।

सृष्टि ये तहकीकात बाद की बात है। पहले हमें बिना क्षण गँवाए उस बच्ची के बारे में सोचना होगा—मैंने कहा।

चारों ओर से विवान, शिवा, आरिफ व बच्ची का पिता भी रूमाल से ढँके चेहरे के साथ हमारे पास आ गए थे।

क्या कुछ हासिल हुआ—सृष्टि ने पूछा।

नहीं सृष्टि अभी तक तो कुछ नहीं—विवान ने कहा।

हम बातचीत में व्यस्त थे कि वो मोटी काली अधेड़ फिर हमारे पास आई।

अरे एक को पकड़ो बाबू और चलो हम सारा फ्रैश माल रखते हैं। ऐसे तो आप शाम तक भी नहीं फैसला कर पाओगे।

क्या आप हमारी सहायता कर सकती हैं—मैंने मोटी से पूछा।

चल जल्दी फूट—मोटी अपने पान-सी पीक डस्टबीन में डालती हुई बोली।

क्या आप यहाँ की मालकिन हैं? मैंने पूछा।

हाँ परन्तु काम की बात पर फूटना, मोटी अपने गन्दे से चेहरे को और गन्दा बना कर बोली। मुझे कम-से-कम उम्र की चाहिए पैसे चाहे कितने भी लगें—मैंने कहा।

मोटी ने मुझे ऊपर से नीचे देखने में आधे से कम सैकिण्ड लिया।

'उम्र बोल' उसी से पैसा बताया जाएगा—मोटी बोली।

यही कोई 10 से 13, 14 के बीच 'और'।

'और' क्या मोटी बीच में ही टोकते बोली।

जिसकी नई इन्ट्री हुई हो। पैसे की चिन्ता नहीं जितना चाहे लाख, दो लाख, पाँच लाख जितना चाहे—मैंने कहा।

उसने मेरे चेहरे से नजर थोड़ी तिरछी घुमाई और अपने शरीर जैसी मोटी सी जीभ को अपने होंठो पर घुमाया मिल जाएगी, दो दिन पहले ही आई है—मोटी ने कहा और हमारी सभी की आँखें एक-दूसरे से मिलीं।

तो लेकर आइये ना—मैंने उतावलेपन से कहा।

लगता है कुछ ज्यादा ही–उसने हँसते हुए कहने की कोशिश की और मैंने बीच में ही टोकते हुए कहा मुझे बकवास नहीं सुननी।

ठीक है, 10 मिनट बैठ और मोटी वापिस केबिन बने विशाल हॉल की तरफ बढ़ गई।

मैंने विवान को उसके पीछे जाने को बोला क्योंकि सन्देह न होने के लिए कुछ बचा ही नहीं था।

कुछ ही देर में विवान लम्बे तेज कदमों से हमारे पास आया और मोटी और एक अधेड़ से आदमी की बातचीत सुनाई।

हमने अपने-अपने रिवाल्वर निकाल लिए और तेजी से केबिन की ओर बढ़े।

मोटी ने हमें केबिन के बाहर रोकने की कोशिश की लेकिन शिवा ने मोटी का गला पकड़ कर एक तरफ फैंक दिया और आरिफ ने केबिन के दरवाजे को एक ही ठोकर में तोड़ दिया।

हमने देखा कि एक राक्षस पुत्र मासूम बच्ची की दोनों टाँगें एक ही पंजे में दबोचे हुए था।

'मेरी बच्ची' के साथ बच्ची के पिता की चीख निकल पड़ी। हमारे हाथों में रिवाल्वर देखकर राक्षस पुत्र सावधान खड़ा होने की कोशिश करने लगा पर शराब उसे ऐसा करने से रोक रही थी। पर अब जो होने वाला था उसे शराब तो क्या शायद कोई नहीं रोक सकता था।

चल लेट जा और आरिफ के जोरदार धक्के से वह दीवार की तरह ढह गया।

सृष्टि ने बच्ची को चूमते हुए उसे गले से लगा लिया और राक्षस पुत्र की तरफ बढ़ी। सृष्टि अपने पैर से राक्षस का मुँह रौंदने लगी। इससे कुछ नहीं होगा सृष्टि फोड़ा तो अन्दर है चलो हम पूरे फोड़े को ही बाहर निकालते हैं।

मैंने कहा और अगले 10 मिनट के ऑपरेशन (Operation) से जैसे पूरा हॉल चीख उठा।

उधर डॉ. आरिफ अपने काम पर व्यस्त था इधर सृष्टि ने मोटी अधेड़ मालकिन को बालों से पकड़ कर दे मारा।

गुस्से में सृष्टि का प्यारा चेहरा मुझे कई दिनों बाद देखने को मिल रहा था सो मैं एकटक उसे निहार रहा था और इस बीच सृष्टि के कोमल हाथों ने मोटी अधेड़ का हाथ तोड़ दिया था।

और मैंने गुस्से से पागल सृष्टि को अपनी बाँहों में भर लिया।

हमने अगले कुछ समय में सृष्टि के नेतृत्व में इस बस्ती में विशेष अभियान चलाकर सारी औरतों को फिलहाल मैं उन्हें वैश्या ही कहूँगा इकट्ठा किया और सृष्टि ने नई और इज्जतदार जिन्दगी में उनका साथ देने का भरोसा देकर उन्हें बड़े घर में लेकर चल दी।

छठा कदम

ज्यों ही जयकारे के रूप में भारी शोरगुल मेरे कानों में पड़ा मैंने विवान से पूछा–आज हमारी जनता जनार्दन किसकी विजय गाथा के कसीदे पढ़ रही है।

आज शहर के सबसे बड़े भ्रष्टाचारी के केस का फैसला आने वाला था–विवान ने कहा।

ओ यस मेरे मुँह से निकला।

मैंने आरिफ को गाड़ी जयकारों की तरफ बढ़ाने के लिए बोला।

और हम कुछ ही देर में जयकारों के बीच थे। शायद गाड़ी को यहीं साइड में रखना होगा क्योंकि आगे काफी भीड़ है–आरिफ ने कहा।

शिवा ने Wrong Side की ओर इशारा कर गाड़ी को आगे डालने के लिए बोला। लेकिन फिलहाल ऐसी कोई जल्दी नहीं है कि ऐसा किया जाए–मैंने शिवा से कहा।

सो हमने यहीं से काफिला निहारने का फैसला किया। मीडिया से सवाल-जवाब करते नेता V का चिह्न बना रहे थे जैसे ओलंपिक में गोल्ड मैडल जीत कर आए हैं।

पर अगर कीमत पर जाया जाए तो गोल्ड मैडल से कई गुना ज्यादा थी।

विवान तुम स्कूली दिनों में भेड़ की अच्छी आवाज निकालते थे ना।

हाँ मानव भैया।

क्या इस वक्त सुनाना चाहोगे?

हाँ विवान, यही तो वक्त है सुनने का।

विवान ने अपना गला साफ कर साँसों को बैलेंस किया और शुरू हो गया।

भय...यय...य...य...य

हम ठहाके के साथ हँसे

कमाल है विवान। आरिफ ने हँसते हुए कहा।

क्या विवान भाई सीखी भी तो भेड़ की अरे शेर की तरह गुर्राना सीखते। शिवा ने हँसते-हँसते कहा।

और एक बार फिर हमारे पास ठहाके के लिए मसाला था।

पर मानव भैया अचानक इस वक्त भेड़ की आवाज। विवान अपना माथा ऊँचा करते हुए बोला।

नहीं कुछ खास वजह नहीं मैं आवाजों का मिलान कर रहा था आप लोग भी करके देखें।

भेड़ की भययय और इस भीड़ की जययय का। मैंने कहा।

हमने फिर विवान से भेड़ की आवाज निकलवाई और मिलान के लिए भीड़ तैयार थी।

लगभग कोई अन्तर नहीं है—तीनों ने एक साथ कहा।

मैंने कहा देखो आवाज उच्चारण में भी न करे बराबर अन्तर, नाम में भी भीड़ और भेड़ और कर्म में भी तो मैं इस भीड़ को भेड़ों का झुण्ड बोल सकता हूँ क्या—मैंने टीम से पूछा।

पर कर्म में अन्तर क्यों नहीं मानव भैया—विवान ने पूछा।

इसलिए नहीं कि आज की जीत में हारने वाला कौन है? यानी ये जीत किस पर हुई है—मैंने तीनों से संयुक्त प्रश्न पूछा?

शिवा, आरिफ और विवान के मुख से आधे-अधूरे शब्द निकल रहे थे और फिट ना बैठते देख वे उन्हें बीच में ही चबा जाते थे।

आखिर तीनों ने हार मान ली और प्रश्न मुझ पर डाल दिया।

मैंने कहा–असल में जीत हुई है इसी भीड़ पर।

भीड़ पर। विवान माथे पर बल देते हुए बोला।

हाँ विवान, भीड़ पर नेताजी। द्वारा खाए करोड़ों रुपए की भरपाई देश-समाज के सभी को करनी होगी। उच्चवर्ग और सक्षमवर्ग को तो कोई फर्क पड़ने वाला है नहीं तो असल नुकसान इस गरीब वर्ग का हुआ और हमारे सामने ये भीड़ ज्यादातर गरीब वर्ग की ही बनी है।

तो जिनको यही ज्ञान नहीं कि आखिर हुआ क्या है तो उनमें व भेड़ में क्या फर्क। तो क्या इसकी तुलना भेड़ों के झुण्ड से करना उचित होगा और हम सब सहमत थे।

नेताजी का कारवां धीरे-धीरे बढ़ रहा था और हम फिर बातचीत में खो गए।

मैंने Team से कहा कि देखो हमारे राजनेताओं और अफसरों ने कितना सुन्दर तरीका खोज निकाल रखा है, पैसे खाने की इस प्रक्रिया के बाद उपचार का।

सबसे पहले कोई देशभक्त इनका काला चिट्ठा उजागर करता है। फिर हमारे नेता व अधिकारी विपक्ष और पब्लिक के रुख पर रहते हैं और उसके अनुसार आरोपी को समय दिया जाता है।

फिर सरकार देती है जाँच के आदेश।

फिर समय कि श्रीमान ये दस्तावेज हटा लीजिए। ये डाल दें, धो-पौंछ कर घर साफ कर दें और हमें समय बता दें। कृपया घर का दरवाजा लॉक कर दें ताकि हम दीवारों से कूदकर जनता को थोड़ी तसल्ली से बेवकूफ बना सकें।

भ्रष्टाचारी घर धौं-पौंछकर बुलावा भेजता है। फिर होती है छापेमारी। छापेमारी का ड्रामा दो-चार दिन धड़ा-धड़ चलता है।

फिर भ्रष्टाचारी के आगे घुटने टेक कर गिरफ्तारी पर बात की जाती है। जेल के अन्दर की सुविधाओं व सुरक्षा के बारे में बताया जाता है। यानि 5 स्टार जैसी सुविधाएँ, उन्हें आश्वासन दिया कि उनकी रहने की आदत से कोई छेड़छाड़ नहीं कि जाएगी बाहर जनता से कुछ गलत की आशंका हो सकती है। अन्दर हमारा भी काम चल जायेगा

और आप भी कुछ दिनों के लिये अपने शरीर व मांसपेशियों को आराम दे सकेंगे। और सरकार फिर भ्रष्टाचारी के ग्रीन सिग्नल का इन्तजार करती है और फिर होती है गिरफ्तारी।

आखिर में ये लोग शुरू करते हैं जमानतें रद्द कराने का खेल। दो-चार बार डोर खींचते व छोड़ते हैं और अन्त में वो आरोपी बरी कर दिया जाता है।

प्रक्रिया सही है। आरोपों के बाद जाँच के आदेश, छापेमारी, गिरफ्तारी जाँच प्रभावित तक जमानतें रद्द करने पर ये सारा खेल पब्लिक की नजरबंदी का होता है जादूगर की तरह दिखता है पर होता नहीं और ये सब इसलिए होता है।

जब हम भेड़ बने हैं। पर क्या हम इस काफिले में भेड़ बने भेड़ों की संख्या बढ़ाते रहें—शिवा ने कहा।

नहीं शिवा पर आज हम इस विशाल झुण्ड से इनके सरदार को नहीं उठा सकते क्योंकि अधिकता हर चीज की महान होती है।

हमें पूरी तैयारी से अगले कुछ दिनों के लिए काम को छोड़ना होगा।

* * *

लगभग 1 सप्ताह बाद।

आज मैं अपनी टीम के साथ नेताजी के बसेरे की ओर जा रहा था जहाँ नेताजी करोड़ों रुपयों की एक बड़ी प्रतियोगिता जीतकर कुछ दिनों के लिए अपने फार्म हाउस पर आराम फरमाने के लिए गए हुए थे।

और काफी लम्बे सफर को हमारी प्यारी-सी गाड़ी ने शानदार बनाते हुए हमें नेताजी के फार्म हाउस पर पहुँचा दिया था।

मैंने नेताजी से फोन पर सम्पर्क किया और उनके गार्ड ने हमें इस महलनुमा बंगले में आराम फरमा रहे नेताजी के पास पहुँचा दिया।

आओ मानव आइए, गरीब की कुटिया में तुम्हारा स्वागत है—नेताजी ने कहा।

क्या नेताजी कुटिया और गरीब अगर ये विशाल महल आपको कुटिया लगता है और ताजमहल आपके लिए शायद एक कमरा ही होगा। अरबों की जायदाद पहले से और अब

ये करोड़ों का बोनस फिर भी गरीब तो क्या अब लक्ष्मी माता को कैद करने का इरादा है—मैंने कहा और विशालकाय नेताजी के ठहाके से उनका बैंड भी चिल्लाने लगा।

क्या लोगे ठण्डा या कॉफी—नेताजी ने। अपने विशालकाय पेट जो उनके सीने से करीब एक फुट बाहर निकला हुआ था। हाथ घुमाते हुए पूछा।

मैंने किसी भी चीज के लिए मना किया क्योंकि यहाँ एक कॉफी पीना गरीबों का एक कप खून पीना था।

मैंने एकांत माँगा और नेताजी के संकेत से अगले ही सैकिण्ड हमें एकांत मिल गया।

विवान ने दरवाजा लॉक कर दिया। नेताजी के चेहरे से लग रहा था दरवाजे का लॉक होना एक सामान्य क्रिया थी।

मैंने आरिफ की ओर देखा और आरिफ ने भारी-भरकम बैग मेरी ओर फैंक दिया।

मैं आपको बधाई के लिए आपकी पसंदीदा मिठाई लेकर आया हूँ। मैंने बैग खोलकर नोटो के बण्डल निकालते हुए कहा।

अब नेताजी के चेहरे से लगा कि अब प्रक्रिया सामान्य नहीं थी, अब कुछ अलग होने वाला था।

नेताजी का फैला चेहरा सिकुड़ने लगा था।

ये...ये...ये...क्या। नेताजी ने हकलाते हुए कहा।

कमाल है नेताजी आपको नहीं पता कि ये क्या है?

अरे दुनिया में आप पहचानते ही इसी को है फिर भी ये मजाक आप भी कमाल करते हैं नेताजी। कहते हुए मैंने रुपयों के बण्डल मेज पर रख दिए।

जब लाखों लोगों के खाने से भी आपकी भूख नहीं मिटी तो आप वाकई बहुत भूखे हैं। तो मैंने सोचा हमारा भी फर्ज बनता है कि थोड़ा-बहुत खाना जो हमारे पास है वह आपकी सेवा में हाजिर किया जाये।

क...क...क्या बकवास है। ये नेताजी अपनी मोटी लाल आँखों को और मोटा करते हुए दहाड़े।

आपकी दहाड़ से बेजुबान पक्षी-जानवर भी भाग सकते हैं और वो मुझे यहाँ दिखाई नहीं देते तो फिर इस दहाड़ का फायदा क्या फिजुल में एनर्जी क्यों नष्ट की जाये। मैंने कुर्सी पर झूलते हुए कहा।

नेताजी ने दरवाजे की तरफ देखकर मुँह खोला लेकिन शिवा की रिवाल्वर की नली ने उसमें से शब्द नहीं निकलने दिए।

बाहर तो 5-10 बेजुबान जीव हैं। नेताजी वो भला आपके लिए क्या कर पाएँगे—शिवा ने कहा।

तो खाना शुरू करें, खाने के वक्त चिल्लाना अच्छा नहीं होता O.K., चल खा—मैंने कहा और शिवा ने रिवाल्वर की नली मुँह से निकालकर गर्दन पर टिका दी।

मैं करारे-करारे नोट उठा-उठाकर नेताजी के मुँह में ठूँसने लगा खा-खा नेता खाओ शाबाश कहते हुए विवान नेताजी की पीठ सहलाने लगा और शिवा रिवाल्वर की नली से नोट ठूँसने में मेरी सहायता करने लगा।

नेताजी की लाल आँखें आधे से अधिक बाहर आ गई थीं। आखिर अन्दर के सिस्टम ने (Full) फुल होने का संकेत दे दिया और नेताजी बचा खाना वापिस उँड़ेलने लगा।

नेताजी ने घुटनों के बल बैठते हुए अपने दोनों हाथ बैड पर फैला दिए।

हाँफते हुए नेताजी को मैंने कुछ सहलाया। शायद नेताजी खाना ज्यादा हो गया चलो थोड़ी जॉगिंग करके आते हैं—कहते हुए हम खड़े हो गए।

नेता जी भी स्टयू की तरह हमारे साथ खड़े हो गये।

याद रखना बाहर अपने गार्डों से आँखें मिलाई या कुछ हरकत की तो मेरी अँगुली हिल जाएगी समझा—कहते हुए शिवा ने रिवाल्वर की नली नेताजी की कमर से सटा ली।

कुछ ही देर में हम नेताजी के साथ आग उगलते टिल्लों में पहुँच गए।

सूर्यदेव शायद यहाँ आपनी ताकत का अहसास करा रहे थे।

यहाँ तो शायद इस वक्त गैंडा भी आने की हिम्मत नहीं करेगा—आरिफ ने चारों और नजर दौड़ाकर कहा।

पर ये गैंडे का बाप है बाप। शिवा ने नेताजी की पीठ ठोंकते हुए कहा।

मैं पास खड़े कंटीले पेड़ से डंडे तोड़ने लगा और विवान भी मेरी सहायता हेतु ऐसा करने लगा।

हम चारों ने कंटीले डंडों को अपने हाथों में ले लिया और विवान ने नेता के कपड़े व जूते उतरवा लिए।

चल नेता जॉगिंग करते हैं—मैंने कहा।

और नेता अपने हाथ जोड़कर गिड़गिड़ाने लगा। मुझे माफ कर दो मानव बेटे लेकिन मैंने तुम्हारा क्या बिगाड़ा है।

क्या नेताजी इस वक्त इस घिसी-पिटी बोरिंग प्रक्रिया का वक्त नहीं है। चल भाग। मैंने अपने डंडे से उसे धक्का देते हुए कहा और फिर नेताजी के माँसल बदन पर कंटीले डंडों की बारिश के साथ जॉगिंग शुरू हो गई।

आखिर कुछ दूरी पर नेताजी का भारी-भरकम माँस का पिण्ड लुढ़क गया और हमने किसी तरह से घसीटकर उसे गाड़ी में डाल लिया।

* * *

नेताजी को लेकर हम बड़े घर आ गए और हम नेताजी के साथ बड़े घर के Planning कक्ष में थे।

कोई तकलीफ तो नहीं हुई यात्रा में नेताजी—शिवा ने पूछा।

और नेताजी ने शिवा की तरफ गर्दन भर घुमा दी।

खाना पच गया होगा अब क्या लेंगे चाय या ठण्डा। विवान ने पूछा।

और इस बार नेताजी की गर्दन झटके से विवान की तरफ घूम गई। शायद नेताजी सोचने लगे जब खाना ऐसा था तो अब चाय ठण्डे का क्या रूप होगा।

पर नेता जी कल्पना जैसा नहीं था।

कक्ष में चाय की ट्रे आ गई और आरिफ ने चाय का कप नेताजी की तरफ बढ़ा दिया।

चाय के बाद मैंने कागज और कलम नेताजी की ओर बढ़ा दिए।

चल अपनी प्रोपर्टी का ब्योरा डाल।

याद रख अच्छे बच्चे चीटिंग नहीं करते और तुम्हारा सारा बायोडाटा वैसे मेरे पास है।

और लगभग आधे घण्टे बाद नेताजी ने कागज पर प्रोपर्टी की जो शक्ल बनाई वह हमारी आशाओं से कई गुना ज्यादा थी।

अब मैंने नेताजी की ओर उसका मोबाइल बढ़ा दिया। चल अपने आदमियों से प्रोपर्टी के कागजात मँगवा और मैं मीडिया को बुलाता हूँ।

आखिर नेताजी ने मीडिया में घोषणा कर दी कि मैं अपने पूरे होशो-हवास में अपने पुश्तैनी मकान को छोड़कर सारी प्रोपर्टी असहायों के नाम करता हूँ और फिर जनता का जयघोष गूँजा पर आज नेताजी V का चिह्न नहीं बना रहे थे।

* * *

शहर में हड़कंप मच गया था।

दुष्टों के समूह पागल हो जाते हैं चाहे वह राजनीति से सम्बन्ध रखते हों, चाहे पुलिस से हों या दूसरे महकमों के।

शहर की गन्दी भ्रष्ट राजनीति तहस-नहस हो गई थी। हमने अन्यायी गन्दे कुकृत्य को नपुंसक कर अनोखी सजा की शुरुआत कर दी थी।

गरीब व दरिद्रों को उनकी ताकत व आत्मविश्वास दिखाकर नींद से जगाया जाने लगा था।

धनाढ्य वर्ग को क्या सही क्या गलत सोचने पर बाध्य कर दिया गया था।

आखिर इस महान व शानदार पहल की खूशबू शहर की चाहरदीवारी तक कैसे रुक सकती थी वह धीरे-धीरे दूर-दूर तक फैलने लगी थी।

* * *

गन्दगी व दुष्टों से लबालब भर चुके इस समाज में ऐसा लम्बे समय के लिए नहीं हो पाया और एक सुबह।

ठक् ठक् ठक् ठक् ठक् ठक् एक साथ छः आवाजें शोर-शराबे से भरे बाजार में साधारण-सी बन गईं और मुँह से 'माँ' के उच्चारण के साथ एक युवक धड़ाम् से औंधेमुँह गिरा। बाजार की भीड़ कुछ सैकिण्ड के तक समझ नहीं पाई क्योंकि ऐसी कोई विशेष कार्यवाई नहीं हुई थी जो सारी भीड़ का ध्यान एकदम खींचती। इस बीच भीड़ से एक शख्स ने आगे बढ़कर औंधे मुँह गिरे उस युवक को पलटा और उस चेहरे से शहर के परिन्दे तक भी परिचित थे। उसके मुँह से 'मानव' शब्द की चीख के साथ ही भीड़ एक-दूसरे पर चढ़ने लगी।

आखिर भीड़ ने तत्परता दिखाई और कुछ ही देर में घायल मानव को लेकर भीड़ हॉस्पिटल पहुँच गई थी और कुछ ही मिनटों में पुलिस सायरनों, लोगों के शोरगुल से ऐसा प्रतीत होने लगा जैसे शहर में सूनामी आ गई हो।

देखते-ही-देखते हॉस्पिटल कोई रैलीनुमा स्थल बनने लगा। पूरा शहर अपने दैनिक दिनचर्या वहीं छोड़ हॉस्पिटल की ओर दौड़ पड़ा।

उधर बड़े घर में सूचना मिलते ही सृष्टि की चीख ने पूरे घर को चीर कर रख दिया।

बड़े घर का हर सदस्य अपने बेटे, पिता, भैया यानी अपने राम के लिए ऐसे दौड़ने लगे जैसे उनका अगला कदम ही हॉस्पिटल में जाकर रखा जाए।

बड़े घर में हृदय द्रवित करने वाला माहौल था। पैरों वाले दौड़ गए, अपाहिज कोई अपनी लाठी, डंडे के सहारे तो कोई बैसाखियों के सहारे दौड़ रहे थे। कोई घसीट रहे थे जिससे घसीटा भी नहीं जा रहा था वह अपने अपाहिज हिस्से को कोस रहे थे जो इस दुःख भरे क्षण में उनका साथ नहीं दे रहा था। उधर अपाहिज माँओ अपने हाथों के बल अपने शरीर को आगे धकेल रहा था।

कीचड़ गोबर से सना उसका शरीर अब घसीटते-घसीटते छिलने लगा और उसमें से खून बहने लगा मगर वह सुन्न हो गया था जैसे किसी खिलौने को चाबी भर के छोड़ दिया गया हो।

इस बीच सड़क पर घसीटते टायरों की तेज आवाज और माँओ ने गाड़ी के नीचे उसने अपने सीने को रोड़ पर टिका दिया और गाड़ी ऊपर से गुजर गई थी पर शायद वो किसी अच्छे उद्देश्य के लिए बढ़ रहा था और टायरों के बीच से भगवान ने उसे

बचा लिया। उसके पास इतना भी वक्त नहीं था कि इस काम के लिए वह भगवान को धन्यवाद दे। वह उसी गति से फिर घसीटने लगा पर हॉस्पिटल के दूर ही भीड़ ने उसकी गति को धीमा कर दिया।

लेकिन माँओ को कुछ पीछे मौत भी नहीं रोक पाई थी तो भला ये कदम कैसे रुकते। वह भीड़ के कदमों में से आगे बढ़ने लगा।

हॉस्पिटल के बाहर और भीतर विपरीत माहौल था। बाहर भीड़ का कोलाहल और भीतर सन्नाटा। ओ.टी. के सामने सृष्टि सहित सभी बेसुध अवस्था में सुन्न पड़े थे। हॉस्पिटल के बाहर कहीं बेकाबू भीड़, कहीं चिल्लाहट, कहीं बेहोशी, कहीं एकदम सुन्न अवस्था जैसे उन्होंने अपनी सुध-बुध खो दी हो। ज्यादातर लोग हाथ जोड़े आसमान की ओर निहार रहे थे कि कहीं से उन्हें भगवान की झलक दिख जाए और अपने महामानव के प्राण माँग ले।

इस बीच पुलिस का एक अधिकारी बेकाबू भीड़ को नियन्त्रित करने के लिए सृष्टि से अपील करता है क्योंकि इस वक्त शायद वही भीड़ नियन्त्रण का एकमात्र जरिया थी।

सृष्टि ने स्थिति के हिसाब से हिम्मत दिखाई और भीड़ के बीच पहुँची।

सृष्टि ने कहा आप लोग शान्त होकर भगवान से दुआएँ कीजिये क्योंकि यह सच्चाई है कि दवा से दुआ बड़ी होती है। शायद असंख्य लोगों की पुकार को भगवान नहीं टाल पाएँगे।

हमारा काम न्याय पर टिका है अभी अधूरा है। सो आप लोगों की दुआ और डॉक्टरों की दवा उन्हें वापिस हमारे बीच ले आएगी और सृष्टि ज्यादा कुछ न बोलते हुए वापिस ओ.टी. की तरफ बढ़ी।

आखिर ओ.टी. की सांकेतिक लाइट बन्द कर दी गई और सभी दरवाजे की ओर लपके।

डॉक्टरों की टीम दरवाजे पर थी और अन्दर की हालात को उनके चेहरे बगैर बताए ही सब बयाँ कर रहे थे।

डॉक्टरों के चेहरे पर नजर डाल सृष्टि बगैर कुछ पूछे ही अन्दर घुस गई।

मानव को देख सृष्टि के मुख से चीख निकल गई और अगले ही क्षण वह जड़ हो गई। सृष्टि की साँसें काफी तेज गति से चलने लगीं।

वह पागलों की तरह मानव को झिझोड़ने लगी।

उठो मानव उठो ये सोने का समय नहीं है। आप ही तो कहते थे कि हमें दुनिया के उस छोर तक जाना है। अभी तो एक शहर भी पार नहीं हुआ है तो फिर आप इतनी जल्दी थक कैसे सकते हैं।

आप ही तो कहते थे मानव जीवन इतना लम्बा नहीं जिसमें घोड़े बेच कर सोया जा सके तो फिर आप क्यों सोये पड़े हो।

उठो मानव उठो और सृष्टि अपना सिर मानव के सीने पर रख कर रोने लगी।

डॉक्टर–मैडम हमने पूरे अनुभव का इस्तेमाल किया है परन्तु...।

इस स्थिति में किन्तु परन्तु पर नहीं टिका जा सकता डॉक्टर–सृष्टि चिल्लाई।

आप लोग खड़े क्यों हैं–सृष्टि फिर चिल्लाई।

पर मैडम अब तो शायद चमत्कार ही इन्हें बचा सकता है। हम इन्हें मृत भी नहीं कह सकते और जिन्दा भी...कहते हुए डॉक्टर ने अपना चेहरा झुका लिया। और सृष्टि फिर जड़ हो गई।

माँओ ओ.टी. में पहुँच चुका था वो बारी-बारी सभी के चेहरों से अपने मानव की हालात का अन्दाजा लगाने लगा। माँओ ने सभी के चेहरों को कुछ सैकिण्ड में पढ़ डाला और तेजी से मानव के बैड की ओर लपका। सृष्टि कीचड़ व खून से सने माँओ की हालत देखकर उसे अपने सीने से लगाकर रो पड़ी।

और माँओ ने साहस का परिचय देते हुए अपनी गन्दगी से सने हाथों को सृष्टि के आँसुओं की तरफ बढ़ाया और सृष्टि ने फिर उसे सीने में दबा लिया।

माँओ ने सृष्टि से मानव के बैड पर चढ़ाने में उसकी सहायता करने के लिए इशारा किया और विवान ने माँओ को बैड पर बैठा दिया।

माँओ ने मानव के सिर को अपनी गोद में टिका लिया और एकटक उसको देखने लगा शायद वह पिछले एक साथ बीते क्षणों को याद कर रहा था।

माँओ ने धीरे से अपनी गर्दन उठाई और दीवार पर लगी भगवान की मूर्ति पर उसकी नजर रुक गई। उसका सफेद चेहरा लाल हो गया और शरीर काँपने लगा शायद वो ईश्वर को या तो युद्ध के लिए ललकार रहा था कि तस्वीर से बाहर आ

और युद्ध कर या वो कह रहा था कि हे ईश्वर मेरी इस हालात के लिए मैंने कभी आपको कसूरवार नहीं माना न ही कभी शिकायत की। हे भगवान इस बहुत से संसार को आपने स्वस्थ, सुन्दर शरीर के साथ-साथ हर ऐशोआराम दिया और मैंने कभी अपना हक नहीं माँगा। ऐशोआराम न सही कम-से-कम स्वस्थ शरीर पर तो मेरा भी हक बनता था। और देखते-ही-देखते उसका शरीर पसीने से तरबतर हो गया। और माँओ ऐसा चीखा कि उसकी चीख मानो कैलास पर्वत पर या फिर पाताल में बैठे भगवान के हृदय को चीर गई।

उसका मुँह फट पड़ा कि अगर इस धरती पर मेरा मानव नहीं तो मैं इस धरती को ही निगल जाऊँगा।

माँओ के मुँह से 'लार' निकलकर मानव के मुँह में पड़ी और मानो संजीवनी बन गई हो आखिर चमत्कार हो उठा जैसे ईश्वर ने माँओ से हार मान अपनी गलती मान ली हो। मानव में चेतना जाग उठी उसका शरीर हरकत करने लगा। मानव का हाथ माँओ के हाथ में था। अब माँओं का हाथ मानव के हाथ में आ गया था।

ओ.टी. में सृष्टि सहित सभी लोग उछल पड़े थे। साथ ही माँओ भी इतना जोर से उछला कि उसके Nerv e Problem में चमत्कार हो उठा माँओ अपने पैरों पर उछलने लगा।

मानव ने आँखें खोल ली और सृष्टि मानव से चिपक गई।

माँओ अब भी उछल रहा था उसे अभी तक यह पता नहीं था कि वह स्वयं अपने पैरों पर उछल रहा है। मानव की खुशी में वह अपना सब कुछ भूल गया था।

ओ.टी. में सबके बीच खड़ा हमलावर इस चमत्कारी दृश्य को देखकर दंग था। उसे अपनी आँखों पर विश्वास नहीं हो रहा था कि ये सब क्या हो रहा है। हमलावर अपने चेहरे पर हाथ घुमा रहा था शायद वह इसे सपना मान रहा हो। पर जल्दी ही यकीन हो गया कि यह सपना नहीं है। वह कभी मानव को कभी माँओ की तरफ फटे मुँह देख रहा था।

वह माँओ को गौर से देखने लगा कि कितनी जिल्लत भरी जिन्दगी से उसने छुटकारा पाया था। यह उसकी जिन्दगी का कितना बड़ा क्षण था लेकिन माँओ, मानव के मौत के मुँह से लौट आने की खुशी में अपना सब कुछ भूल गया था।

हमलावर का सब कुछ घूम गया और उसके हृदय में निष्प्राण इन्सानियत जागने लगी।

हमलावर सोचने लगा कि आखिर मैंने कहीं गलती तो नहीं कर दी। अगले ही क्षण हमलावर ने पाया 'गलत' शब्द उसके जहन में पहुँचा ही आज है। आज दो शब्द उसके जहन में बन रहे थे सही और गलत। इससे पहले उसने जो कुछ किया उसमें गलत दिखा ही नहीं जो हो रहा था उसे सही ही लगाकर चल रहा था।

लेकिन सही-गलत सोचने के लिए मंथन करने के लिए कुछ था ही नहीं।

सब कुछ आँखों के सामने था।

हमलावर सोचने लगा कि इस संसार में लोग जिस भगवान की एक झलक पाने के लिए अपने हजारों जन्म न्यौछावर करने के लिए तैयार हैं और मैंने उस भगवान की हत्या करने की सोची। हमलावार सोच में डूबा था और उसके कदम उसे बाहर की ओर खींच रहे थे।

शायद वो कह रहे थे कि तुम इस देवता के दर्शन के योग्य ही नहीं हो।

हमलावर सोचने लगा कि मैंने एक इन्सान मात्र पर गोली नहीं चलाई बल्कि लाखों-हजारों मासूम असहायों का एक साथ गला घोंट दिया था और एक असहाय की चीख की ताकत वो देख चुका था।

मैंने तो अपनी ओर से हत्या कर दी थी। ये तो इस महामानव की अच्छाईयो का ईश्वर ने इनाम दिया था और उन असहायों की दुआएँ जो इन्हें मौत से छीन कर ले आई थी। हमलावर विचारों के समुद्र में और गहरा जाता जा रहा था। वह सोचने लगा कि क्या मैंने अच्छाई के खात्मे के लिए जन्म लिया है। नहीं नहीं उसने अपने आप को झिंझोड़ा और फिलहाल घर आया।

हमलावर प्रायश्चित के तरीके खोजने लगा पर दुनिया में ईश्वर हत्या के बराबर सजा नहीं खोज पाया।

इस पाप के बराबर की सजा या कोई अच्छाई नहीं हो सकती थी जो उसे सफेद कर सके। हमलावर सोचने लगा कि एक ही जगह से आकर कुछ लोग देवता बन जाते हैं और वहीं से सबसे बड़ा उदाहरण तो वह स्वयं था चाण्डाल का।

हमलावर का सब कुछ घूम गया था और उसने अपने आपको एक दीवार से सटा लिया पर शायद उसके शरीर के हर हिस्से ने उसका साथ छोड़ दिया था।

उसने विचार किया कि आखिर उसे क्या करना चाहिए आत्महत्या के सिवा दूसरा मार्ग हो ही नहीं सकता है। परन्तु अपने आपको मिटाकर भी मैं जाऊँगा कहाँ। मेरी आत्मा फिर उसी ईश्वर के पास जाएगी जिसकी हत्या का प्रयास मैंने किया है।

आखिर हमलावर ने भगवान की शरण में चला जाना ही उचित समझा कि हे ईश्वर मैंने जिन्दगी में भूलचूक से कोई एक भी अच्छा काम किया है या मेरे लिए कोई काम इस संसार में आपने बचाकर रखा है तो मुझे आदेश दें। उसका सिर दीवार से जा टकराया और वह सोचने लगा कि आखिर मुझे इस घृणित अवस्था में पहुँचाने का जिम्मेदार कौन है और अगले ही क्षण उसे लगा शायद भगवान ने उसके लायक काम सुझा दिया था। अब उसके सामने एक और रास्ता था।

अगर मरना ही है तो कम-से-कम एक काम तो अच्छा करके मरा जाए और इस पर सोचकर वक्त खराब करने की कोई जरूरत नहीं थी। हमलावर ने झट से अपना मोबाइल निकाला कि कहीं मानव के जिन्दा होने की सूचना उन तक ना पहुँच जाए और इतने में उसका मोबाइल झनझना उठा।

हमलावर को ह ह हैलो पर भी नहीं पहुँचने दिया।

वैलडन मिस्टर खान वैलडन कहाँ हो इस वक्त?

हॉस्पिटल–हमलावर बोला।

पोस्टमार्टम करवाकर ही आओगे क्या–कहकर उन लोगों ने ठहाका लगाया।

हमलावर की आँखें धुँधलाने लगी कि शायद उसकी पुतलियों में खून रिस आया था। उसका दिल इतना तेज धड़क् रहा था कि जैसे धक्का दे रहा हो। उसकी अन्तर्रात्मा तृप्त होने के लिए मचल उठी।

हमलावर ने फिलहाल उनका बसेरा पूछा और उस ओर दौड़ पड़ा। वह सड़कों को ऐसे पार करने लगा जैसे वह उसके लिए शान्त करवा दी गई हो।

आखिर वह कुछ समय बाद दुष्टों के बसेरे में था और उसे खुशी थी कि सारे दुष्ट एक ही जगह मिल गए थे। इसके लिए उसने भगवान को धन्यवाद दिया। हमलावर ने एक क्षण उनकी मौत के बारे में सोचा कि उन्हें कैसी मौत दी जाए और तुरन्त ही वह इस नतीजे पर पहुँचा कि इसी क्षण उन्हें नष्ट कर देना चाहिए क्योंकि उनकी हर साँस प्रकृति से कीमती ऑक्सीजन चुरा रही थी।

हमलावर ने दोनों रिवाल्वर निकाल लिए और दुष्टों के छलकते जाम फर्श पर जा गिरे।

ये...ये...क्या खान...न...न...और हमलावर ने दुष्टों की जबान पर अपना पूरा नाम नहीं बनने दिया।

उधर हॉस्पिटल तमाम बड़े अधिकारियों का अखाड़ा बन चुका था।

डॉक्टर फिलहाल सभी लोगों से मानव को अकेला छोड़ देने को बोल रहे थे।

पास खड़े कमिश्नर व जज साहब की ओर मानव ने आँखें घुमाकर कहा—जज साहब कानून का मतलब अच्छाई और मैं अच्छाई का गुनहगार बनकर नहीं जी सकता।

मैं ठीक हूँ जज साहब और पुलिस के पास मेरे खिलाफ कई आरोपों से बनी एफ.आई.आर. भी हैं।

सो मेरी एक प्रार्थना आप दोनों से है 'सर'।

आप हमें 'सर' न बोलें हमसे पहले 'सर' के लायक तो आप हैं। हे महामानव बोलो क्या चाहते हो—जज साहब ने कहते हुए मानव का सिर सहलाया।

मैं कानूनी प्रक्रिया का सामना अभी करूँगा और मेरी इच्छा है कि मेरी अदालत शहर के मेन चौक पर जनता अदालत के रूप में लगे—मानव ने कहा।

पर बेटे इसमें इतनी जल्दी की कोई जरूरत नहीं है। कानून के मुताबिक पहले आप स्वस्थ हो जाइए।

मैं स्वस्थ हूँ जज साहब और प्रणाम के तौर पर उठकर बैठ गया।

परन्तु बेटे—जज साहब बोले?

परन्तु कुछ नहीं जज साहब।

मेरी तरफ से मेरी वकील सृष्टि होगी।

कृपया आप लोग इजाजत देने का कष्ट करें।

चलो ठीक है बेटे—कमिश्नर व जज साहब ने मानव का हाथ थपथपाते हुए कहा।

आखिर शहर के मैंने चौराहे पर जनता अदालत लगा दी गई। लहरों की तरह हिलोरें मारती भीड़ सृष्टि की एक अपील से शान्त हो गई।

सभी अधिकारियों सहित लोग अपने-अपने स्थान पर Set हो गए थे। जज साहब के आदेश से कार्यवाही शुरू हो गई थी।

पुलिस आरोप बताने लगी–

आरोप नं. 1 ए.सी.पी के लड़के सहित एक और को नपुंसक करना।

आरोप नं. 2 नेताजी के हार्ट अटैक की मौत का जिम्मेदार और जबरन प्रापर्टी दान करवाना।

आरोप नं. 3 अवार्ड फंक्शन में करोड़पतियों को पशु से बदतर कहकर मानहानि।

दैटस ऑल के साथ आरोप बता दिए गए थे।

भीड़ में कुछ हलचल सी उठने लगी और सृष्टि के उठने से फिर शान्त हो गई।

सृष्टि ने बोलना शुरू किया–

आरोप नं. 1 ए.सी.पी. के लड़के सहित एक को नपुंसक करना।

हे जज साहब! फिर ये केस तो संसार के सारे डॉक्टरों पर भी चले क्योंकि दोनों ही एक जैसे काम हैं। डॉक्टर शरीर के जिस रोगग्रस्त हिस्से में तकलीफ वाले हिस्से को निकाल देते हैं वैसा ही काम बल्कि उससे कई गुना श्रेष्ठ काम मेरे मुव्वकिल ने किया है। क्योंकि बीमारी में तो केवल खुद का शरीर ही दूषित होता है। जबकि ये तो ऐसा फोड़ा था जिससे बहुत से समाज को नुकसान पहुँच सकता था।

तो हे जज साहब! एक रोगी का इलाज करने की आज तक किसी ने संसार में कोई सजा दी है। क्या यह अपराध है।

हे जज साहब कोई पागल कुत्ता आप पर टूट पड़े तो आप क्या करेंगे? क्या एक हाथ उसके मुँह में डाल दूसरे से पुलिस को फोन करेंगे?

और ऐसा है जज साहब, लोग कह रहे हैं एक हाथ कुत्ते के मुँह में डाल पुलिस बुलाते हैं और पुलिस आकर बोलती है कि ये तो हमारा ही कुत्ता है। इसे काटने दिया जाये तो फिर आप क्या करना चाहेंगे?

पागल कुत्ते को मार डालना चाहिए पुलिस के पास जाने की क्या जरूरत है—जज साहब ने कहा।

लेकिन जज साहब मेरे मुवक्किल ने तो उन कुत्तों का इलाज किया है—सृष्टि बोली।

पर आप लोग कुत्ते और इन्सान में क्या फर्क नहीं समझते—जज साहब ने कहा। सृष्टि ने कहा—समझते हैं जज साहब।

देखिए ना एक पागल कुत्ता दो-चार इन्सानों को कुछ समय के लिए ही पीड़ा दे सकता है। जबकि एक पागल इन्सान हजारों बेकसूरों को नष्ट ही कर डालता है।

हे लोगो क्या आपने सुना है कुत्ते ने बम या बन्दूक से हजारों को मार डाला हो?

नहीं। नहीं। भीड़ ने ठहाके के साथ हाथ हिलाया।

फिर कम खतरनाक कुत्ते को तो मार डालें कोई अपराध नहीं और उससे हजार गुना अधिक खतरनाक प्राणी को नष्ट करना कैसे अपराध हो सकता है।

ये तो महान पक्षपाती स्वार्थ हुआ और फिर मेरे मुवक्किल ने तो उनका इलाज किया है।

दैटस ओल के साथ सृष्टि आरोप नं. 2 पर बढ़ी—नेता का हार्ट अटैक व जबरन प्रापर्टी दान।

ऐसे कार्यों को अपराध का नाम देना ही अपराध है।

क्या एक भूखे को खाना खिलाना अपराध है?

लेकिन आपने भोजन की जगह पैसे खिलाए थे और इन्सान का शरीर कागज नहीं पचा सकता—जज साहब ने कहा।

उसे असली भूख तो पैसे की ही थी जज साहब। भोजन तो औपचारिकता मात्र चीज थी। असली भूख तो आत्मा की भूख है। हमने तो नेताजी के प्रिय भोजन से उनकी भूख शान्त करने की कोशिश की थी।

रही बात प्रापर्टी की तो यह उन्होंने जिस तरह एक साधारण इन्सान अपनी भूख शान्त होने पर बचा भोजन भूखे दीन-दुखियों को दे देता है वही काम नेता ने स्वयं किया।

और सृष्टि आरोप नं. 3 पर बढ़ी–पैसे वालों की मानहानि का।

हे जज साहब! पैसे वाले लोगों से हम कहना चाहते हैं कि अब तक उनका सम्मान करने वालों में स्वार्थी, लालची, चापलूस लोग ही शामिल थे। असल में ये लोग इनके खजाने को मान दे रहे थे जिसे ये गलती से अपना मान बैठे थे। अगर ये लोग मान-सम्मान ही समझे तो इनका मान ही नहीं इनका वो भला किया है कि जो आज तक इनकी जिन्दगी में 'माँ' को छोड़कर किसी ने किया ही नहीं।

हे जज साहब तपस्या की कड़ी मेहनत से भगवान से जो अमरता की बूटी प्राप्त करने वाले ये धनाढ्य लोग किसी अज्ञान स्थान पर रखे भूले बैठे थे।

हमने तो इन्हें वो याद दिलाई है। यहाँ मान व अपमान का कोई प्रश्न ही नहीं।

और अन्त में सृष्टि इन्सानी मुखौटे ओढ़े भेड़िए, विषैले सर्पों के स्टचू से मुखोटे हटाकर बोली।

हे जज साहब–हमने तो इन्सानी मुखौटा पहने इन विनाशक जीवों को सजा दी है जो इन्सान का नाम बदनाम कर रहे थे।

हे जज साहब हमें न नेता बनना, न ही धनवान, न मान चाहिए। चाहते तो हम भी इन्हीं की तरह महलों में आराम से जिन्दगी ढो सकते थे।

मेरे मुवक्किल ने तो हिंसक जानवरों में तब्दील होते हुए इस मानव रूपी समाज को रोकने व समझाने की कोशिश की है।

अगर फिर भी किसी को या कानून को लगता है कि हमने गलत किया है तो हमें सजा दे सकते हैं।

दैटस ओल के साथ सृष्टि ने अपना पिटारा बन्द कर दिया।

इतने में एक हट्टा-कट्टा शख्स भीड़ में से तेजी से स्टेज पर चढ़ा और मानव के पैरों में घुटनों के बल बैठ गया। उसने कहा हे महामानव मैं इतना अभागा हूँ कि आपके चरणों को छू भी नहीं सकता क्योंकि मैं पूरा जहर से भरा पड़ा हूँ।

और उसने अपनी गर्दन जज साहब की ओर घुमाई। हे जज साहब मैं ही वो राक्षस हूँ जिसने इस देवता पर गोली चलाई।

और भीड़ सहित वहाँ मौजूद हर शरीर में बिजली-सी कौंध गई। भीड़ एकदम ऐसे बढ़ी जैसे कच्चा चबा जाए।

मानव ने तुरन्त व्हीलचेयर से खड़ा होने का सफल प्रयास किया और भीड़ से कहा—हमने जज साहब को भरोसा दिया है और मुझे आशा है कि आप लोग हमारे भरोसे को नहीं तोड़ोगे। इसलिए कृपया शान्त रहें।

मानव ने कहा और भीड़ जितनी बढ़ी थी उतनी पीछे हट गई।

हमलावर फिर बोला कि हे जज साहब ऐसी कोई सजा नहीं जो इस अपराध के समीप ठहरे। हे जज साहब मैं चाहता तो कहीं भी चुपके से जाकर अपने आपको नष्ट कर सकता था। लेकिन मैं चाहता हूँ कि मुझे माउंट एवरेस्ट पर फाँसी दी जाए ताकि पूरी दुनिया इस कुकृत्य की सजा से सबक ले।

हे जज साहब मैंने उन सभी को नष्ट कर दिया जिनसे मेरी बुद्धि तहस-नहस हुई थी।

हे महामानव मुझे सजा दें कहकर हमलावर ने हाथ जोड़ घुटने स्टेज पर टिका दिए।

मानव, सृष्टि के सहारे आगे बढ़ा और अपराधी के कंधे पकड़कर उठाने लगा।

हमलावर फिर गिड़गिड़ाने लगा—हे महामानव आप अपने हाथ गन्दे क्यों करते हैं।

मैंने कहा—हे साथी आज ही तो आप छूने लायक बने हो। हे साथी, तुम जहर थे। सही मायनों में तुम्हारा जहर आज ही खत्म हुआ है।

हे साथी जो अच्छा व गलत समझ गया वह शुद्ध है। इससे पहले तुम्हें पता ही नहीं था कि तुम गलत हो।

हे भगवान अगर मैं तनिक पीड़ा से इस दुनिया को एक इन्सान दे सकता हूँ तो मैं चाहूँगा कि ऐसी पीड़ा मुझे बार-बार मिले।

इतनी-सी पीड़ा और बदले में एक इन्सान यानि दुनिया का सबसे सस्ता सौदा।

हे साथी जिसका अन्तःकरण साफ हो गया वह मनुष्य हो गया और मनुष्य न जहरीले होते हैं ना पलायन करते हैं।

हे साथी मेरी पीड़ा के लिए तो मैं आपको माफ करता हूँ।

नहीं, हे महामानव इस पाप का बदला मैं अपने हजारों जन्मों से भी नहीं चुका पाऊँगा—हमलावर नीची गर्दन हिलाते व गिड़गिड़ाते हुए बोला।

नहीं साथी आप बची जिन्दगी जरूरतमंद जीवों के कल्याण में लगा दें तो ये तो एक छोटा-सा कृत्य है। आप जल्दी ही भगवान के प्रिय हो जाएँगे।

हमलावर आसमान की ओर देखते हुए बोला—हे भगवान बड़े-बड़े ऋषि-मुनियों को आपके दर्शन दुर्लभ हैं और आपने मेरे जैसे तुच्छ पापी को 'मानव' के रूप में दर्शन देकर धन्य कर दिया। कहकर हमलावर उठा और पीछे के पापों के लिए जज साहब की ओर अपने हाथ बढ़ा दिए।

अब और कुछ लोग स्टेज की ओर बढ़ने लगे। उन सभी के हाथों में किसी ने बंग तो किसी ने ब्रीफकेश उठा रखे थे।

मैं व सृष्टि सभी लोग एक-दूसरे की ओर देखने लगे।

और इन्होंने अपने-अपने बैग खोले तिरछा करके उड़ेलते चले गए। बैगों में गिरते पैसे, नोटों की गड्डियों, आभूषणों से वहाँ मौजूद सभी दंग थे कि आखिर ये हो क्या रहा है।

देखते-ही-देखते धन का एक ऊँचा ढेर-सा लग गया। मैं व सृष्टि एक-दूसरे की ओर देखकर मुस्करा रहे थे कि इस काम के लिए भगवान ने उन्हें माध्यम बनाया।

आखिर मैंने ने लोगों से पूछा कि ये सब क्या है?

लोगों ने कहा कि हे महामानव ये हमारे लिए जहर था और जरूरतमंदों के लिए अमृत। इसे स्वीकार करें और वे लोग इतने बड़े धन की इतनी-सी परिभाषा देकर चलने लगे।

मैं सोचने लगा कि कोई चीज स्थान बदलने से जहर या अमृत कैसे बन सकती है।

पर यहाँ बात प्रकृति के नियम की नहीं बल्कि हिसाब व बेहिसाब की थी।

जैसे रेगिस्तान में प्यास से तड़फ रहे प्यासे के लिए दो घूँट पानी अमृत होगा और कोई नदी में गिरा हो, तैरना ना जानता हो या अधिकता के चलते तैरना भी विफल हो गया हो उसके लिए जहर हो जाएगा।

यानी कि वस्तु का सही स्थान पर होना ही उसका मूल्य होता है।

इस बीच जज साहब उठे और भीड़ से कहने लगे—हे भाई-बहनों मैंने सिर्फ सुना था कि संसार में पारस नाम की कोई चीज होती है। जिसके छूने से पत्थर भी सोना बन जाता है।

लेकिन आज ये पता चल गया कि इन्सान ही पारस होता है और उसका उदाहरण आप लोगों के सामने है। और मुझे खुशी है कि हम लोग इस महामानव के दर्शन कर पाए और शायद किसी के लिए यहाँ कोई संशय नहीं बचा था। और मैं आरोपी मानव को बाइज्जत बरी करता हूँ और जज साहब ने इस महामानव को प्रणाम किया और आगे बढ़ गए।

मैंने ने सृष्टि से कहा कि जो लोग (अजीविका) जरूरत से अधिक धन का त्याग करने इधर आ रहे हैं। वे सब इन्सान आ रहे हैं।

यानी आज हमने लुप्त होती इन्सानी प्रजाति को बचाने का तरीका खोज लिया है।

सृष्टि आज हम दुनिया के सबसे बड़े वैज्ञानिक बन गए हैं जो दुनिया को परमाणु नहीं इन्सान दे रहे हैं।

विवान काउंटिंग पर था और मैंने विवान की तरफ देखा। विवान ने आँकड़े के अनुसार ये धन इस विशाल शहर को जन्नत बनाने के लिए काफी था।

और मैंने व सृष्टि ने घोषणा कि ये धन लोक-कल्याण के लिए खर्च कर दिया जाए।

भीड़—मानव व सृष्टि के इस महान कार्य के लिए भगवान-भगवान चिल्लाने लगी।

मैंने आसमान की ओर देखा कि हे माता मैंने अपना वादा पूरा किया। अब तुम ईश्वर से आँखें मिला सकती हो। आज तुम भगवान को बता सकती हो कि तुम्हारा जन्म व्यर्थ नहीं गया।

और मैं इस टीम व सृष्टि के साथ बड़े घर की ओर रवाना हो गया। आज बड़े घर के लिए दोहरी खुशी का दिन था। बड़े घर की सदस्य सपना आई.ए.एस. बन आज बड़े घर में आई थी।

चमकती, उछलती सपना तेजी से हमारी और आई 'भैया आपने मुझे ऐसा बना दिया' चरणछुती सपना अपनी व अपने दोनों कन्धों पर हाथ रखती हुई बोली। मैंने सपना का चमकता चेहरा अपने दोनों हाथों में दबाकर कहा 'नहीं बेटा मैंने तो खाली रास्ते की और संकेत किया था और दुनिया में रस्ता दिखाने वाले तो बहुत बैठे थे और शायद बैठे रहेंगे लेकिन रास्ते पर चलने वालों का अकाल पड़ा है। सपना कहने व करने में जो फर्क है वही मुझमें और आप में। मैंने तो केवल कहा था और तुमने कर दिखाया। आप महान भैया महान है सपना खुशी के आँसुओं के साथ बोली।

भैया आज मुझे दुनिया का ये अनोखा 'राशन कार्ड' आपको भेंट करने का मौका मिला है । आई.ए.एस. सपना ने कहा और सपना ने मुझे एक मोटी सी बुक भेंट की। मेरी आँखों में आँसू छलाछल आए। मैं ईश्वर को धन्यवाद दे रहा था कि हे ईश्वर बहुत से इन्सानों को एक माँ भी नसीब नहीं होती और आपने मुझे हजारों माँ, पिता, बहन, भाई व बच्चे और हजारों बेजुबान जानवरों से सुसज्जित ये अनोखा परिवार देकर धन्य कर दिया।

और मैंने आँसुओं से भीगा ये अनोखा और दुनिया का सबसे बड़ा राशन कार्ड सृष्टि की ओर बढ़ा दिया और कहा कि सृष्टि जब कोई प्राणी थोड़ी-सी भी अच्छाई के साथ आगे बढ़ता है तो उसे ये जगत्पिता खुशियों से सराबोर कर देता है।

शायद इस ब्रह्माण्ड में स्वर्ग जैसी कोई जगह है तो वह सिर्फ इस पृथ्वी पर ही है।

धन्य हे ईश्वर आपने हम जैसे नन्हे से प्राणियों को इस महान कार्य का माध्यम बनाया और हमने जगतपिता को प्रणाम किया और बड़े घर का सारा परिवार आई. ए.एस. बनकर आई सपना की खुशी में नाचने लगा।

दूसरे दिन सुबह ही मैंने पूरे परिवार के साथ बड़े घर में मीटिंग रखी थी।

अभी हमारी शुरुआत हुई न कि हमने मंजिल को पा लिया—मैंने सृष्टि सहित अपनी टीम से कहा।

आज एक बार फिर सोचने का वक्त है और जो ठहर गया उसी क्षण इन्सान के परिवार से बाहर हो गया। सो हमें अब इस शहर की सीमाओं को तोड़ना होगा।

तो क्या हमें इस विशाल संसार की ओर चलना चाहिए जहाँ बहुत से भूखे, दुःखी, असहाय अच्छाई की आशा में बैठे हैं और टीम ने एक साथ सहमति दी।

मैंने खड़े होकर परिवार की आज्ञा लेनी चाही कि अब हमें आगे जाने की आज्ञा दें और परिवार के सदस्यों की जैसे साँसें रुक गईं थी विशेषकर बच्चे जिन्होंने रोते हुए मुझे व सृष्टि सहित पूरी टीम को घेर लिया।

पर आखिर जिन मासूमों को सृष्टि जैसी महान देवी ने सँवारा व सींचा है वो आखिर जिद्दी व उद्दंड कैसे हो सकते थे।

सृष्टि ने जल्दी ही उन्हें फिर मिलने के वादे से सम्भाल लिया।

और हम आई.ए.एस. सपना को बड़े घर का जिम्मा सौंप संसार के सबसे दुःखी भूखे स्थान की खोज के लिए निकल पड़े।

●●●